cómo amar mejor

cómo amar mejor

el camino hacia una conexión más profunda a través del crecimiento, la bondad y la compasión

yung pueblo

traducción: estela peña molatore

Grijalbo

El papel utilizado para la impresión de este libro ha sido fabricado a partir de madera procedente de bosques y plantaciones gestionadas con los más altos estándares ambientales, garantizando una explotación de los recursos sostenible con el medio ambiente y beneficiosa para las personas.

cómo amar mejor
el camino hacia una conexión más profunda a través del crecimiento, la bondad y la compasión

Título original: *How to Love Better: The Path to Deeper Connection Through Growth, Kindness, and Compassion*

Primera edición: marzo, 2026

ISBN: 978-607-387-026-9

Impreso en México – *Printed in Mexico*

Contenido

Para Sara,
mi esposa y compañera en sabiduría

Las tres señales positivas más importantes son
crecimiento, amabilidad y compasión.

Si es siempre amable,
si se preocupa por crecer
y si es capaz de ver más allá de su propia perspectiva,
entonces es alguien que merece
tu tiempo y tu energía.

El amor profundo no es fácil porque involucra muchos aspectos.

Está lleno de desacuerdos, carcajadas,
conversaciones difíciles, cuidado genuino, muchas lágrimas,
alegría innegable y la sensación de ser mirado de verdad.

No puedes tener lo bueno sin todo lo difícil
que les ayuda a ambos a crecer.

Introducción

Nuestra historia

Éramos muy jóvenes cuando nos conocimos; ambos estábamos todavía en la búsqueda de nuestro camino en la universidad, pero tan pronto como nos encontramos, Sara y yo sentimos una atracción innegable que nos unió aún más. Primero nos hicimos amigos; hablábamos, conectábamos, disfrutábamos de estar juntos hasta altas horas de la noche, compartiendo historias, y nos poníamos atención como si fuera la primera vez que alguien nos escuchaba de verdad. Ambos experimentábamos una nueva sensación de alegría que se desataba cuando estábamos juntos. Nos sentíamos alejados de todos los demás, incluso alejados del tiempo, como si existiera en un espacio que era solo para nosotros dos. Nos encantaba estar en nuestro propio mundo, un lugar donde podíamos compartir nuestros secretos y pensar juntos. Era estimulante y, a veces, absorbente. Pronto, nuestros sentimientos mutuos crecieron, y la amistad ya no podía contener la profundidad de nuestra conexión. Después de solo dos semanas de ser oficialmente pareja, nos dijimos "te amo"; los dos lo decíamos muy en serio, pero ni ella ni yo nos dábamos cuenta aún de que el amor es más que un sentimiento: es una práctica que requiere intención, cuidado y habilidad.

Pasaron los meses, y las diferencias en nuestra capacidad de amar comenzaron a salir a la superficie de un modo doloroso y tenso. A menudo discutíamos con amargura; y respondíamos a la ira con ira; cada uno hacía todo lo posible por ganar cada pequeña batalla. La culpa se convirtió en nuestra forma habitual de comunicarnos. Proyectábamos nuestra tensión interna, nuestro estrés y nuestra irritación en el otro, y lo queríamos culpar cuando no nos sentíamos bien por dentro. No podíamos asumir la responsabilidad de nuestro mal humor e intentábamos sin descanso arrastrar al otro a la oscuridad que sentíamos en nuestra mente. Estos momentos de intensidad eran bastante frecuentes. Sentíamos mucho el uno por el otro, pero no sabíamos cómo cuidar nuestras propias emociones ni cómo apoyar la felicidad del otro. ¿No debería bastar con el hecho de que queríamos crear una vida juntos? Los dos sentíamos que algo iba mal, pero no lográbamos arreglarlo. ¿Por qué discutíamos siempre? ¿Cuándo se daría cuenta el otro de que tenía que comportarse mejor?

En nuestros primeros años juntos, nos vimos atrapados en un estado de confusión. Se sentía como un huracán emocional que se movía con diferentes niveles de intensidad. Con trabajos logramos superar ese período; de hecho, terminamos varias veces y nos tomamos algunas pausas porque no sabíamos si estar juntos era lo correcto para nosotros. Cada vez que terminamos y cada ruptura fueron breves porque no podíamos soportar estar separados, pero la dificultad era que tampoco sabíamos cómo estar juntos. En última instancia, decidimos que queríamos luchar juntos en lugar de estar separados. A pesar de que la discordia era frecuente, decidimos seguir enfrentándola con la esperanza de encontrar una forma mejor. Vivimos así durante seis años, navegando entre momentos de calma efímera y tormentas terribles.

La conexión era innegable, pero ninguno de los dos sabía cómo amar bien. No sabíamos por dónde empezar ni qué objetivo perseguir. No sabíamos que el equilibrio que buscábamos y la paz que tanto deseábamos no podían venir de que alguno se los diera al otro, sino que tenían que venir de dentro de cada uno de nosotros. Cultivar la paz y la compasión en nuestras propias mentes era la única forma de crear un puente entre nosotros que fuera lo suficientemente estable como para sostener una relación más enriquecedora. El inicio de nuestra relación fue tan tormentoso porque éramos completamente inconscientes de nuestros mundos interiores individuales y, por supuesto, no sabíamos que lo que sentíamos en nuestro interior influía siempre en nuestras percepciones y acciones. Ni ella ni yo nos dábamos cuenta de que la conexión por sí sola no podía llenar la inmensidad del amor y que la innegable atracción que sentíamos el uno por el otro no era suficiente para crear paz entre nosotros.

Es una mentira que las relaciones
deban de ser fáciles.

Tienes que aprender a amar al otro bien
pues la relación nos muestra un espejo
sobre las formas en que cada uno necesita crecer.

Aceptarlo es un gran reto.

Nuestra única experiencia del amor fue caótica porque ninguno de los dos entendía cómo nuestra falta de madurez emocional y conciencia de nosotros mismos creaba bloqueos que nos impedían relacionarnos de una manera más sabia y más compasiva.

Después de años de lucha, la respuesta llegó silenciosamente a nuestras vidas. Un querido amigo nuestro comenzó a meditar, y tanto Sara como yo sentimos un impulso instintivo de intentarlo también. Estábamos agotados por la tensión personal y de pareja y queríamos encontrar una respuesta al enigma del sufrimiento y la angustia que pesaban constantemente sobre nuestros días como individuos y como pareja. Estábamos cansados de la lucha y abiertos a intentar algo nuevo.

En ese momento, no podíamos saber que acabábamos de pasar a una nueva etapa en nuestra relación. Quiénes éramos y cómo actuábamos fue evolucionando poco a poco a medida que seguíamos asistiendo a retiros de meditación en silencio, y finalmente cada uno de nosotros comenzó su propia práctica diaria. Pequeños fragmentos de paz comenzaron a entrar lentamente en nuestras vidas, pequeños rayos de luz comenzaron a iluminar la abrumadora oscuridad que ambos llevábamos dentro. Meditar no solo nos ayudó a ser mejores versiones de nosotros mismos, sino que esa conciencia de nosotros mismos que ambos estábamos cultivando comenzó a motivarnos a tratarnos con más delicadeza. La sanación que experimentábamos desde lo más profundo se traducía en mentes más tranquilas, mayor presencia y más compasión por nosotros mismos y por el otro. El juego de culparnos mutuamente en el que estábamos atrapados se reveló con el tiempo como del todo contraproducente. No era necesario que cada discusión terminara con un ganador y un perdedor claros; la luz de la conciencia reveló que lo que en verdad faltaba era escuchar con sinceridad y comprender.

Sabes que la conexión es especial
cuando la persona que quiere estar contigo
también entiende que necesita
poner energía en aprender
a amarte bien.

Sabe que el amor no es automático,
sino que surge de la escucha profunda
y de hacer todo lo necesario para satisfacer
tus preferencias de un modo que se sienta genuino.

Meditar lo cambió todo para nosotros. Nos enseñó a amar mejor, y lo hizo ayudándonos a ambos a cultivar cualidades mentales que nos faltaban, como la conciencia, la capacidad de no reaccionar y la compasión. Éramos conscientes de estos conceptos y acciones, pero eran cualidades de la mente que, por desgracia, estaban poco desarrolladas. Gran parte de la infelicidad que compartíamos provenía de nuestra incapacidad para dar espacio a nuestras propias emociones difíciles. Ambos comenzamos a meditar como una forma de alcanzar la paz interior; no nos dimos cuenta de que este entrenamiento mental era también el remedio que nuestra relación necesitaba con desesperación. Carecíamos de la conciencia necesaria para ver que nuestro dolor interior estaba intrínsecamente ligado con nuestra lucha exterior y nos hacía reaccionar de forma inconsciente con tensión el uno hacia el otro.

Meditar no lo solucionó todo de inmediato. Pero la verdad es que aplicar la meditación a nuestra vida cotidiana durante un largo periodo (muchos años) es lo que en última instancia transformó nuestra relación para mejor. A medida que cada uno de nosotros crecía en la práctica de la meditación, a medida que aceptábamos más responsabilidad por cómo nos sentíamos y comprendíamos mejor lo que en verdad necesitábamos el uno del otro para prosperar como pareja, la paz empezó a entrar poco a poco en nuestra relación.

Nuestra relación hoy en día no es perfecta. Seguimos discutiendo y discrepando de vez en cuando, pero ahora tenemos la fortaleza interior para apoyarnos con compasión mientras procesamos lo que sentimos. Las discusiones ya no se convierten en huracanes, sino en oportunidades para que ambos nos escuchemos por turnos y podamos intentar ver más allá de nuestras propias perspectivas, llegando a la raíz auténtica de lo que nos molesta. No esperamos que nuestra relación sea eternamente pacífica y alegre, pero ahora tenemos las herramientas para navegar por los momentos difíciles con mayor facilidad y rapidez.

El poder de la meditación no solo reside en el hecho de que nos ayudó a sanar de forma en verdad profunda a nivel personal y, con el tiempo, nos unió como pareja de una manera más armoniosa, sino que también aclara ciertas verdades universales que pueden aplicarse a las personas y a las relaciones.

He pasado los últimos doce años meditando de manera seria. Durante ese tiempo, completé más de doce mil horas de práctica. No me considero en absoluto un experto. De hecho, me beneficia mucho más verme como un estudiante perpetuo, y espero seguir meditando en el futuro para poder continuar creciendo y aprendiendo. Aun así, esta dedicación a la práctica interior ya ha transformado mi vida y me ha ayudado a adentrarme con confianza en el mundo de la escritura. Bajo el seudónimo de Yung Pueblo, he centrado mi escritura en la intersección entre el crecimiento personal y las relaciones. Considero que la atención que prestan a mis escritos es una responsabilidad que asumo de todo corazón. Quiero tratar su confianza con sinceridad y delicadeza. Lo que puedo ofrecerles son los conocimientos y las exploraciones que han traído paz a mi mente y a mi vida, y más armonía a las relaciones que aprecio.

En este libro ofrezco mis reflexiones sobre el amor. El tema principal del libro será exactamente lo que indica su título: *Cómo amar mejor*. Aunque me centraré en el amor de pareja, todo lo que aquí se expone puede aplicarse a todas las relaciones importantes de nuestra vida. Todos sabemos algo sobre el amor porque somos seres humanos. Y todos conocemos las diferentes emociones: las experimentamos a diario, luchamos con ellas, las disfrutamos y aprendemos de ellas. El propósito de este libro gira en torno al hecho de que, aunque estamos familiarizados con nuestro propio abanico emocional, podemos beneficiarnos al mejorar nuestra comprensión de nosotros mismos y de cómo nos relacionamos con lo que sentimos. Al conocerte mejor a ti mismo, podrás amar mejor a tu pareja y permitir que el amor impulse tu crecimiento personal. El amor y el crecimiento deben ir de la mano para que la armonía sea una posibilidad real en una relación.

> La relación, sin duda, es el espejo en el que te descubres a ti mismo... Ser es relacionarse; relacionarse es existir.
>
> *—Jiddu Krishnamurti*

El amor tiene la forma
y la cualidad del agua.

Es al mismo tiempo
fluido y poderoso.

Puede adaptarse y rugir con fuerza,
o nutrir en silencio.

No busques
a alguien "perfecto",
busca a alguien
que no tenga miedo a crecer.

Los comienzos de las relaciones
no siempre son fáciles.

Aunque la conexión sea intensa,
es necesario aprender intencionadamente
a amarse bien.

1

Cómo ayudar a que el amor fluya

El amor es uno de los sentimientos más puros que puede experimentar un ser humano, pero es demasiado enigmático como para darle una definición concreta. Es como intentar atrapar el agua con las manos: los límites exactos del amor son, con razón, difíciles de definir, pero aun así, podemos acercarnos a expresar con palabras su profundidad.

El amor es un sentimiento poderoso y liberador, que emana e irradia por todo tu cuerpo. El amor es una luz que puede brillar intensamente desde tu interior incluso cuando estás solo, y también es una luz que se intensifica entre dos personas cuando la atracción entre ellas es innegable. El amor es una energía que te motiva a actuar. Ayuda a la mente a ver con claridad y desinterés. El amor te ayuda a conectar con tu fuerza y tu valentía. Te permite decir aquello que antes temías expresar. El amor puede ayudarte a decir "no" y, del mismo modo, puede ayudarte a decir "sí" con todo el corazón. Te ayuda a discernir lo que es importante y lo que no lo es.

En el panteón de las emociones humanas, el amor se erige como la experiencia más preciada. Es algo que buscamos de forma activa y pasiva. Podemos buscarlo en forma de amor propio como una manera de sanarnos y liberarnos, o en forma de una relación sana y enriquecedora. En cualquier caso, alcanzar alguna de estas formas de amor proporciona un gran nivel de descanso, consuelo y felicidad a nuestro ser. Todas las amistades y relaciones cercanas en las que invertimos energía y atención también forman parte de los cimientos de nuestra vida. Somos seres relacionales: no solo dependemos de los demás para sobrevivir, sino que prosperamos en las relaciones con los demás.

El amor no es algo pequeño. Es la energía del amor la que a menudo cambia vidas e incluso la historia misma. El amor tiene el poder de derribar muros y abrir puertas. También tiene el poder de preservar, crear límites y tomar decisiones difíciles. El amor es profundamente personal y muy situacional. La forma en que una persona se ama a sí misma puede ser totalmente diferente de cómo otra persona activa el amor propio en su vida. La manera en que una pareja expresa el amor puede estar a años luz de la de otra. Aunque el amor puede parecer distinto para cada persona, siempre tiene esa cálida sensación de seguridad y libertad cuando se hace realidad.

El propósito de este libro es explorar en profundidad cómo se manifiesta el amor en las relaciones de pareja y responder a la pregunta: "¿Cómo puedo amar mejor?".

Dónde luchamos y cómo nos levantamos

La verdad profunda es que la mayoría de los seres humanos no llegan a una relación sin haber sufrido los altibajos de la vida. Desde la infancia hasta la edad adulta, la vida deja su huella en tu mente muchas veces, y estas huellas se transforman en patrones que a menudo son mecanismos de defensa o tácticas defensivas que adoptaste mientras estabas en modo de supervivencia. El dolor acumulado moldea tu forma de percibir la realidad e incluso puede levantar muros que hay que derribar para poder amarte plenamente a ti mismo y a los demás.

Para que seas capaz de amar bien a tu pareja, es necesaria una profunda reflexión en la que te des cuenta de que cómo te amas y te sanas a ti mismo, y cómo esto tiene una conexión directa con la forma en que te relacionas. La relación que tienes contigo mismo tiene un claro impacto en la relación que tienes con tu pareja. Si quieres amar mejor a tu pareja, entonces necesitas desarrollar un enfoque en dos vertientes:

1. Mejorar tu relación contigo mismo dejando atrás el peso que llevas en tu mente.

2. Trabajar para cambiar externamente tus comportamientos, de modo que favorezcan una relación armoniosa.

El amor no es fácil y, sinceramente, requiere mucho trabajo. El amor es un poderoso espejo en el que no puedes evitar verte con claridad; te muestra cómo has crecido y en qué dirección debes crecer. Estar en una relación no se trata de vivir en un torrente constante de placer. Hasta las relaciones más sanas estarán llenas de altibajos y de retos imprevistos. Por supuesto que una relación debe proporcionar comodidad, alegría y una sensación de seguridad, pero también debe convertirse en combustible para tu evolución. Una vez que aceptas tu crecimiento, la nueva armonía que comienza a fluir dentro de ti te ayudará a mantener la armonía en tu relación.

Una de las cosas internas más importantes que hay que superar para que el amor fluya mejor entre dos personas es el apego. La mente humana tiene una poderosa tendencia a desear que las cosas sean tal cual de la manera que nos gusta, pero a veces esta tendencia convierte un deseo inocuo en un apego tan fuerte que ha acumulado tanta tensión mental que nos sentimos molestos cuando la realidad se desvía de lo que imaginábamos inicialmente. El impulso de disponer las cosas a nuestro gusto puede convertirse en control si no se contiene. El amor está destinado a brindar una sensación de libertad cuando estás con tu pareja, pero el apego puede arruinar esa sensación cuando insistes en que las cosas ocurran como tú quieres.

La clave de la armonía en una relación es encontrar el balance entre asegurarte de que se satisfacen tus necesidades genuinas y establecer compromisos claros y voluntarios que ayuden a apoyar la felicidad del otro. Ambos saben que no pueden hacer directamente feliz al otro, porque la felicidad es algo que surge de la mentalidad personal, pero juntos pueden crear las condiciones y el entorno donde sea más fácil sentir alegría y plenitud en presencia del otro. Una pareja puede traer mucha alegría a tu vida, pero solo tú puedes aclarar tu perspectiva para permitir que la alegría entre y experimentes la felicidad con mayor frecuencia.

Establecer estos compromisos ayuda a reducir el apego y la confusión. Los compromisos son la aplicación de una comunicación honesta y abierta para que ambos aprendan cómo amarse bien expresando sus necesidades. Cuando escuchas las necesidades del otro, puedes conectar contigo mismo y ver qué de todo eso encaja contigo y si puedes comprometerte a ello. Esto les permite a ambos mostrarse en su relación de una manera que se siente impulsada por el deseo de amar bien a su pareja, en lugar de sentirse presionados por ella para comportarse de una determinada manera.

Forzar, controlar, ser posesivo, manipular y demás son todas variaciones del apego. Son obstáculos inconfundibles que impiden que el amor fluya y crean presión en la relación, lo que acaba rompiendo la conexión. El amor está destinado a elevar, una relación está destinada a nutrir, y el apego hace lo contrario. Es un enfoque egocéntrico de la relación que puede acabar con algo maravilloso antes incluso de que haya comenzado.

Si crees que una relación
debe ser un escape
o que solo debe ser gozosa,
entonces no has entendido.

El amor es suave y nutritivo,
pero también es duro y revelador.
Te mostrará los aspectos de ti mismo
en los que debes trabajar.

El altruismo es uno de los elementos más importantes del amor. Esto significa conocerte lo suficientemente bien como para ver más allá de tu propio ego, tus deseos y tus apegos, y ser capaz de entrar en la relación con la intención de hacer de la felicidad de tu pareja una prioridad tan importante como la tuya. El altruismo te ayuda a nutrir el equilibrio entre dar y recibir: es importante que los miembros de la pareja trabajen en estas cualidades. Ambos deben ser capaces de dar para que el otro se sienta cuidado, y ambos deben ser capaces de recibir para que el esfuerzo de su pareja no sea en vano. El altruismo es lo que permite que la paciencia, la escucha y la comprensión prosperen de verdad.

Tres cualidades fundamentales que pueden ayudarlos a amar mejor

1. **Amabilidad.** La amabilidad está infravalorada y es clave para que le demuestres a tu pareja que te importa. Tratar a tu pareja como a un amigo y a un ser querido, incluso cuando atraviesan momentos difíciles, es una clara muestra de amabilidad. Cuando surge una discusión, es posible que tengas que recordarte a ti mismo que tu pareja no es tu enemigo, que no es una lucha de tú contra él o ella, sino que en realidad son ustedes dos en contra de sus propias diferentes interpretaciones o falta de comunicación.

   Ser amables como un medio de interacción entre ustedes es una señal directa de su amor. La amabilidad es una forma de gentileza que ayuda a suavizar sus acciones. Dado que tu pareja es tu compañero más cercano en la vida, con quien pasas más tiempo, tiene sentido tratarla con amabilidad de forma intencionada.

   Es fácil estancarnos en modos en los que muchas veces le damos a nuestra pareja lo peor de nosotros mismos. Nos ve cuando estamos más enojados o molestos, y en realidad esto se debe a que nos sentimos tan cómodos con ellos que por fin podemos bajar la guardia y ser nuestra versión más auténtica. Nuestra pareja nos ve cuando estamos abrumados y exhaustos, ve las partes más ásperas de nuestro carácter, y en realidad es muy hermoso poder mostrarnos vulnerables con ella, pero es necesario que haya un equilibrio para que ella también puedan disfrutar de lo mejor de nosotros.

Y así como podemos mostrarnos ante nuestra pareja con las partes más crudas de nuestras emociones, debemos tratarla con amabilidad de forma intencionada para que la relación no se vea abrumada por los momentos bajos.

2. **Crecimiento.** Una de las mejores maneras de amar mejor a tu pareja es aceptar el crecimiento y el desarrollo como un viaje que dura toda la vida. Cuando tienes la humildad de darte cuenta de que te queda mucho por aprender y que puedes beneficiarte mucho cuando sales de tu zona de confort, tu evolución personal se producirá de forma más natural.

Esta capacidad de acoger el crecimiento en tu vida es uno de los mayores regalos que puedes hacerte a ti mismo y a tu pareja. Nadie entra en una relación completamente sanado, sabio o perfecto en su capacidad de amar. El amor verdadero requiere aprender, adaptarse, dejar ir y alcanzar nuevos niveles de paz y comprensión.

En especial, cuando se busca una relación seria, esta cualidad es la más positiva de todas. Nadie es perfecto y todos cometemos errores, pero encontrar a alguien que asume su responsabilidad y está dispuesto a corregir sus errores y a superar sus límites demuestra que es más probable que tenga la fuerza interior y las habilidades necesarias para superar los momentos difíciles de una relación.

Cuando los dos miembros de la pareja aceptan el crecimiento, florece la verdadera magia. Sin esta cualidad, los momentos difíciles de la relación se convierten en obstáculos insuperables. Con ella, puedes ver las dificultades, examinar por qué existen, comprender el papel de cada uno en este reto y cultivar nuevas cualidades que los ayuden a perseverar y alcanzar un nuevo nivel.

El amor no es estático, fluye. El amor ama el cambio. Cuando cada uno puede aceptar que son seres en constante cambio, es más fácil adaptarse cuando sus preferencias y comprensiones evolucionan a medida que pasan tiempo juntos. Quienes son al comenzar su relación no son quienes serán a medida que su relación avance en el río del tiempo. El cambio es inevitable y, si lo permiten, puede fortalecer aún más su amor.

Esto tiene sentido cuando te das cuenta de que la relación pasará por diferentes etapas, y que la forma en que se aman en una etapa puede cambiar en otra. El compromiso con el crecimiento facilitará la transición de una forma de amarse a otra. En especial si llevan juntos años o décadas, la forma en que se demuestran su amor tendrá que adaptarse para satisfacer sus cambiantes preferencias. Los seres humanos estamos orientados por naturaleza al cambio; ya sean pequeños o grandes, los cambios siempre están ocurriendo.

Una mentalidad orientada al crecimiento les ayudará a ser lo suficientemente flexibles como para ver el amor como un proyecto a largo plazo y a ustedes mismos como eternos estudiantes.

3. **Compasión.** Esta es probablemente la diferencia más grande e importante entre las relaciones que tienen armonía y las que no. Una forma esencial de mostrar compasión es practicar de forma intencionada ponerse en el lugar de tu pareja. Intenta ver el mundo y las situaciones de forma desinteresada a través de sus ojos. Se necesita mucha humildad y fuerza para dejar de lado tu propia perspectiva por un momento y ponerte en el lugar de tu pareja, sobre todo cuando atraviesan momentos difíciles o están en medio de una discusión.

   La compasión es una habilidad muy necesaria porque te ayuda a descubrir cuáles son tus propios bloqueos. Cuando sales de tu propia perspectiva, puedes ver más, literalmente. Es más fácil quedarte con tu propio punto de vista, pero el amor te desafía a crecer tomando en serio las emociones de tu pareja. Si solo puedes ver las cosas a tu manera, te costará mucho apoyar la felicidad de tu pareja.

La compasión no solo te ayuda a ver mejor a tu pareja, sino que también te ayuda a conocer su mente y su corazón. La compasión es la energía que utilizas para aprender más sobre su historia emocional; te ayuda a estudiarla para que puedas familiarizarte con sus detonantes y sus preferencias. Sin compasión, tu pareja seguiría siendo un misterio para ti. La comunicación siempre es parte de la solución, pero no se habla lo suficiente de la importancia que tiene ponerte en su lugar para ver desde su perspectiva, que es igual de importante que la tuya.

La compasión está íntimamente relacionada con la amabilidad porque ambas contienen el elemento de la gentileza, pero la compasión va más allá pues combina la gentileza con una perspectiva más amplia y la acción. No solo intentas comprender mejor a tu pareja, sino que también intentas actuar en función de lo que sabes de ella.

Por supuesto, estas tres cualidades solo funcionan si los dos se esfuerzan activamente por cultivarlas. Las relaciones unilaterales, en las que una persona asume toda la carga emocional, suelen ser insostenibles. Esto no significa que ambos tengan que comportarse de la misma manera o tener las mismas preferencias. Sin duda, cada uno tendrá sus puntos fuertes en la relación, pero debe haber equilibrio y la sensación de que ambos están recibiendo lo suficiente. Se necesitan dos para alimentar una relación y que esta realmente funcione.

Para muchas personas, las relaciones sanas en las que se fomenta la conciencia de uno mismo, en las que la comunicación es clara y abierta, en las que se da la bienvenida al crecimiento, son un fenómeno novedoso. Parece que vivimos en una época en la que millones de personas en todo el mundo están aprendiendo a quererse mejor a sí mismas y a los demás. Estamos tratando de romper con la vieja idea del amor, según la cual nuestras relaciones deben ser siempre perfectas y facilitarnos la vida, para adoptar una visión más matizada y realista del amor. El tipo de amor en el que no tenemos miedo de los momentos difíciles y los retos, porque sabemos que superarlos elevará el amor que se comparte entre dos personas.

Muchos de los medios de comunicación y los cuentos de hadas sobre el amor ocultan la realidad de que el amor requiere mucho esfuerzo para que sea vibrante. Dos personas pueden sentirse enamoradas, pero cada vez somos más los que entendemos que se necesita tiempo para aprender realmente a cuidarnos el uno al otro. También estamos aprendiendo lo importante que es conocernos a profundidad para que nuestro pasado no nos impida amar plenamente a nuestra pareja. El amor no crea un hogar de inmediato, sino que debe construirse con cuidado y de forma intencionada por dos personas pacientes que se sienten seguras para mostrarse tal y como son con el otro. El amor es un viaje.

Las relaciones que nutren
no surgen sin esfuerzo.

Hay que diseñar una cultura
que tome en cuenta las historias emocionales,
las necesidades, los estilos de comunicación,
las metas de cada uno y algo más.

Ser abierto sobre la forma
en que quieres ser amado
prepara a tu pareja para el éxito.

Cómo amar mejor

Entramos en una relación con muchas imperfecciones. Dependiendo de la persona y de su historia emocional, puede haber una gran variedad de cuestiones internas sin resolver: heridas del pasado, patrones de comportamiento negativos, expectativas poco realistas, temores, etcétera. Hay muchas cosas que pueden bloquear el flujo del amor y dificultar que conectemos de manera profunda.

Dado que el ego es tan predominante en la vida cotidiana, impedirá de forma natural y constante el altruismo, la amabilidad y la paciencia necesarias para mantener la armonía en una relación. El apego y el deseo de control, que están entrelazados con el ego, son también obstáculos que cada individuo debe ir superando de forma gradual si quiere disfrutar de una relación serena y satisfactoria.

En muchos sentidos, una relación es una oportunidad para aprender a amar mejor. Cuando aceptamos este enfoque, resulta más fácil usar las lecciones que surgen para transformar nuestro comportamiento, en beneficio propio y de nuestra pareja. Aunque el amor implica sus propios desafíos, la profundidad de la conexión crea un incentivo inmediato para intentar trabajar en nosotros mismos, y así poder tratar mejor a nuestra pareja y darle a la relación una mejor oportunidad de prosperar.

Nueve estrategias que pueden ayudarles a amar mejor

1. **Cuando ambos se toman en serio su propia sanación, la relación sale ganando.** Tú y tu pareja llevan a cuestas el bagaje de su pasado. Aunque no hayan experimentado un trauma profundo, existen tendencias y patrones que se desarrollaron con el tiempo porque la forma en que reaccionan se acumula en la mente. Cuando aprenden a soltar, pueden evitar que los patrones improductivos del pasado tomen el control. Desarrollar el amor propio es la base necesaria que sustentará todas las

relaciones de tu vida. Aprender lo que necesitas hacer para cuidar de ti y ponerlo en práctica de forma constante para que puedas mostrar la mejor versión de ti mismo no es egoísmo. Recuerda que tú y tu pareja pueden necesitar diferentes herramientas de sanación, pero asegúrate de utilizar algo que en verdad te haga más consciente de ti mismo y que te dé ligereza mental. La meditación y la terapia han ayudado a millones de personas. Encuentra lo que funciona para ti.

2. **Entra en la relación sabiendo que tendrás que crecer para que funcione.** Aceptar tus imperfecciones es un superpoder que abre la puerta a la evolución personal. Las relaciones de pareja pueden ser un poderoso catalizador para el crecimiento cuando aceptas el reto. Tan pronto como empiece la conexión, comienza a reflexionar sobre tus principales patrones del pasado y piensa en lo que puedes hacer de forma diferente esta vez para crear un entorno próspero entre tu pareja y tú.
3. **No todo es culpa del otro.** Es muy fácil que la tensión distorsione tu razonamiento y que culpes a tu pareja cada vez que surge un conflicto. A veces tu pareja cometerá errores y te pedirá perdón, pero en ocasiones, serás tú quien cometa errores y tendrás que disculparte. Ser capaz de reconocer y asumir que fuiste tú quien inició una discusión es una gran señal de fortaleza interior. Cuando los dos son capaces de reflexionar en sí mismos y de tratar de encontrar la verdadera raíz de la tensión, esto ayuda a disminuir la intensidad de una discusión.
4. En medio de una discusión, recuerda que se trata de la persona que amas y que no es tu enemigo. Tu pasado puede nublar tu percepción y puede hacer que te pongas a la defensiva. Aprende a salir del modo de supervivencia. Ser capaz de mantener los pies en la tierra puede ayudarte a dejar ir el enojo y pasar de tener una discusión a simplemente escuchar la versión del otro para poder encontrar un término medio saludable. Reformula tu idea de una discusión: deja de verla como una batalla y considérala una oportunidad que les ayudará a comprenderse mejor.
5. **Si ambos se centran en dar, cada uno recibirá más.** Esto solo funciona si ambas personas están de verdad comprometidas

a cuidar de su pareja de muchas maneras. Solo con las manos abiertas se puede dar y recibir; el amor es una expresión activa de este sentimiento. La forma en que se dan el uno al otro puede no ser siempre la misma, ya que cada persona tiene diferentes fortalezas y preferencias.

6. **Actúa con honestidad y amabilidad.** La verdad, aunque sea difícil de decir o de aceptar, al final los acercará más. Las mentiras y las verdades ocultas crean bloqueos en su relación. La verdad debe expresarse de manera compasiva y con tacto. Hablarse con amabilidad, aun cuanto estén en un momento de tensión, les ayudará a mantener la calma.
7. **Pregúntense mutuamente "¿Cómo puedo amarte mejor?" y actúen en consecuencia.** Es útil recibir información directa de tu pareja porque, al igual que tú, es un ser en constante cambio. Sus preferencias cambiarán poco a poco con el tiempo y conocerlas te ayudará a brindarle un mejor apoyo en sus momentos buenos y difíciles. Las relaciones pasan por diferentes etapas, por lo que es bueno hacer un balance periódico.
8. **Considérense mejores amigos; esto les ayudará a tener una comunicación profunda y agradable.** Intenten no caer en la rutina de hablar solo de temas mundanos, como el trabajo y las tareas domésticas; por supuesto que son importantes, pero hay mucho más que explorar juntos. Sigan aprendiendo el uno del otro mediante conversaciones sobre sus creencias, examinando cómo su pasado ha influido en su presente, qué está pasando en el mundo, cómo creen que funciona el universo, sus objetivos futuros, las direcciones en las que les gustaría crecer y cualquier otro tema que sea enriquecedor y estimulante.
9. **No intenten controlarse el uno al otro.** El amor siempre se tratará de libertad. Las relaciones sanas mantienen vivo el sentimiento de libertad. Por supuesto, diseñarán su vida juntos y se comprometerán voluntariamente el uno con el otro de formas que les hagan sentir bien a ambos, pero ninguno debería sentirse nunca coaccionado o como si no tuviera voz ni voto en la manera en la que vive su vida. En última instancia, son dos individuoss que están creando un hogar juntos, pero

ambos tienen sus propias vidas de las que ocuparse. Son dos arroyos que han elegido fluir juntos, lado a lado. Amarse mejor se trata de apoyar mutuamente la felicidad del otro.

El amor no es solo comodidad, también es crecimiento. Negarse a entender esta verdad es lo que rompe muchas relaciones. Muchas veces pensamos en el amor en términos de lo que queremos de él, pero no en términos de las formas en que necesitamos crecer para nutrirlo. Las relaciones son intrínsecamente reveladoras, en especial cuando la conexión es profunda e innegable. Lo complicado es que puedes sentir amor por una persona sin saber cómo practicar el amor de una manera que sea mutuamente satisfactoria y edificante. El otro reto es que la práctica del amor consiste en que dos personas creen un mundo para ellos mismos que no solo sea generativo y enriquecedor, sino que también esté diseñado para satisfacer las necesidades, los deseos y los compromisos únicos y personales de su relación. Sin importar cómo evoquen la práctica del amor, es necesario comprender que el amor les mostrará dónde necesitan crecer. Les ayudará a ver las partes de cada uno de ustedes que necesitan más luz y les dará la oportunidad de cultivar hábitos y estilos de comportamiento que produzcan armonía y comprensión. Si quieren amar bien en el presente, tendrán que trabajar para dejar atrás el pasado.

Preguntas para reflexionar

- ¿Cómo es tu relación ideal? ¿Cómo se siente?
- ¿Eres capaz de ver las perspectivas de los demás?
- ¿Qué has aprendido sobre ti mismo que te ha ayudado a mejorar en tu relación?
- ¿Qué necesitas para sentirte amado?
- ¿Tu pareja y tú se preguntan mutuamente "cómo puedo amarte mejor"? Si aún no lo hacen, ¿se atreven a hacerlo?

2

La relación contigo mismo

Antes de poder examinar verdaderamente tu capacidad para amar bien, primero debes mirarte a ti mismo de forma profunda y honesta y considerar qué tan ampliamente fluye el amor dentro de tu propio ser. No solo dentro de tu mente y tu corazón, sino también cómo se manifiesta en tus hábitos y comportamientos.

¿Eres amigo de tus propias emociones? ¿Eres capaz de enfrentarte a tu paisaje interior cuando atraviesas experiencias turbulentas? ¿Conoces tu propia historia emocional? ¿Tienes conciencia de cómo tu pasado ha moldeado tu carácter y tus comportamientos actuales?

La última gran pregunta es esta: ¿te amas bien a ti mismo? La respuesta a esta interrogante te dará una buena idea de tu capacidad para amar a otra persona. Quererse bien no solo significa cuidar tu cuerpo, tu mente y tu corazón, sino también tener una identidad que acepte el cambio. Una identidad en la que te animes a dejar atrás aquellos aspectos de ti mismo que ya no te ayudan a prosperar y a incorporar nuevas cualidades que te ayuden a mostrarte a ti mismo y a los demás de una manera más profunda. Tener una mentalidad que acepte tu propio crecimiento es lo que te ayuda a sanar y a deshacerte de los patrones negativos impulsados por tus experiencias pasadas difíciles. La evolución es necesaria.

Sobre la conciencia de uno mismo

La humildad es una característica necesaria que puede ayudarte a tener una mente serena e impulsarte hacia un crecimiento profundo. Ser humilde nace de basarse en el hecho de que siempre hay más por aprender y que no ayuda ser egocéntrico o pensar que eres mejor que los demás. La verdadera humildad en realidad desecha la comparación; es un estado mental que no ve la vida como una competencia y te permite apreciar dónde estás y dónde están los demás sin juzgar. Ser humilde no significa que no tengas confianza en tus habilidades; puedes conocer tus puntos fuertes en silencio, sin presumir de ellos en tu mente ni ante los demás. Ser humilde simplemente significa que eres abierto, que tu sentido del yo es sereno y flexible, que permites que la curiosidad te guíe en lugar de estar a la defensiva o presa del miedo. La humildad y la sabiduría van de la mano, porque no se puede acceder a la profundidad de la sabiduría liberadora con un ego denso. La energía de una persona humilde es muy tranquilizadora; es fácil relajarse a su alrededor y conectar con ella porque no teme al ridículo.

Existe una conexión innegable entre la relación que tienes contigo mismo y la relación que tienes con los demás. Si no puedes verte a ti mismo, entonces sin duda te costará ver bien a los demás. Por eso, cultivar la conciencia de uno mismo es fundamental no solo para quienes buscan una vida plena, sino también para cualquiera que comprenda el valor de apreciar la perspectiva de los demás.

La conciencia de uno mismo te ayuda a ver que dentro de ti hay un vasto universo, lleno de una variedad de emociones, puntos de vista, patrones y mucho más. Te ayuda a aceptar la complejidad que te da tu identidad. Cuando eres capaz de apreciar tu propia profundidad y el alcance de tus emociones, empiezas a darte cuenta de que no eres el único que siente tanto. Empiezas a apreciar profundamente que, al igual que tú luchas, otros también luchan. La conciencia de uno mismo abre la puerta a la compasión.

No puedes ver la profundidad de tus imperfecciones, los errores que has cometido en el pasado y los momentos de tu vida en los que podrías haber tomado mejores decisiones si no eres consciente de ti mismo. El autoconocimiento no es una cualidad que busque provocar un sentimiento de arrepentimiento, sino que tiene como objetivo fomentar el desarrollo de la observación objetiva para que puedas entender quién eres y qué es lo que has vivido.

La conciencia de ti mismo te ayuda a hacer un balance honesto para que puedas avanzar con toda la información que necesitas para ajustar tus acciones. Necesitas poder ver lo que hay antes de poder aprender de ello y crecer. El autoconocimiento te ayuda a ver que la perfección no es posible, pero el progreso sí. Te ayuda a asumir la responsabilidad de tus propias acciones y una comprensión más profunda de los demás. Cuando aceptas los altibajos de tu propia vida, la paciencia y la compasión comienzan a florecer hacia ti mismo y hacia los otros.

Mis acciones son lo único que realmente me pertenece.
No puedo escapar de las consecuencias de mis acciones.
Mis acciones son la tierra sobre la que me sostengo.
—*Traducción de Thích Nhất Hanh*
del Anguttara Nikaya 5.57

La conciencia de ti mismo también te ayuda a atravesar muchos de los condicionamientos mentales que nunca pediste, pero que todos acumulamos a lo largo de la vida. A través del autoconocimiento, descubres tus preferencias y aspiraciones genuinas, no las cosas que la sociedad quiere que persigas, sino aquellas que en verdad te nutren y en las que quieres invertir tu energía. No sabía que quería ser escritor hasta que empecé a meditar. Recuerdo que en mi tercer curso de meditación silenciosa de diez días sentí que mi intuición me animaba con fuerza a escribir. Me llevó mucho tiempo escuchar esa guía y reunir el valor para tomármelo en serio.

La conciencia de ti mismo se convierte en esencial en un campo de entrenamiento para el desarrollo de cualidades que influirán en la relación que tienes contigo mismo y con los demás. A medida que crece tu autoconocimiento, te vuelves menos exigente y más tolerante. En lugar de ansiar la perfección, empiezas a trabajar con el hecho de que la imperfección es inevitable.

Algunas personas desarrollan la conciencia de sí mismas a través de la escritura, otras a través de la meditación y otras a través de la práctica directa de no huir de sus emociones cuando se sienten turbulentas. El autoconocimiento crece con toda reflexión y cuando el conocimiento que vas adquiriendo sobre ti mismo comienza a influir de manera positiva en tus acciones.

Las relaciones armoniosas, donde el amor crece de forma continua, se ven profundamente respaldadas y, en muchos casos, son posibles gracias al cultivo del autoconocimiento. La conciencia de uno mismo es, en principio, un regalo que te haces a ti mismo, pero eso automáticamente expande tu capacidad para estar presente para los demás de una manera más genuina y solidaria.

El subestimado poder de la sanación personal

Existe una conexión intrínseca e innegable entre la relación que tienes con tus propias emociones y tu capacidad para estar presente para las emociones de tus seres queridos. *Si huyes de tu propia tensión, carecerás de la experiencia necesaria para estar presente para la tensión de los demás.* La autoexploración y la autotransformación te proporcionan la educación que necesitas para mejorar tu capacidad de estar con otra persona en los buenos y en los malos momentos.

Mirar hacia dentro también te muestra una de las locuras innatas de la existencia humana. Nada será nunca perfecto, y por mucho que lo intentes, cometerás errores. Ver eso en tu propia historia y no huir de esa verdad te ayuda a desarrollar compasión por ti mismo que, en última instancia, se traduce en compasión por los demás. Te has visto a ti mismo vacilar y cometer acciones de las que después te arrepientes, o ser completamente malinterpretado aun cuando tus intenciones son buenas. Ves lo fácil que es equivocarse y cuán inalcanzable es la perfección; esto se convierte en un punto crucial del crecimiento una vez que permites que esta verdad suavice tu juicio sobre los demás cuando cometen errores. Si tú mismo no eres perfecto, ¿cómo puedes esperar que los demás lo sean?

Esta apertura a la compasión permite que entre la humildad y cree espacio para la paciencia. Estas son cualidades que pueden ayudarte a desarrollar la paz interior y son regalos que puedes ofrecer a aquellos con quienes te relacionas. El trabajo interior que realizas para sanarte y crecer no es solo para tu paz y progreso, sino que son cualidades que puedes llevar contigo a cualquier situación con otros seres humanos.

Por esto se subestima la capacidad de la sanación personal para mejorar nuestra capacidad de conectar con los demás y cuidar de ellos. La sociedad moderna sigue lidiando con traumas a gran escala. De acuerdo con la Organización Mundial de la Salud, aproximadamente el 70 % de los adultos en todo el mundo ha sufrido algún trauma. Pero lo cierto es que la sanación real sí es posible. Sanarse a uno mismo, sea a través de la terapia, la psiquiatría, la meditación o alguna otra práctica eficaz, se está convirtiendo, afortunadamente, en algo cada vez más común en la cultura cotidiana. Meditar o tener un terapeuta es ya algo normal, lo cual es una buena señal de que la gente hoy en día se toma en serio su salud y su desarrollo mental. En este ámbito se pone especial atención a la mejora personal o al alivio de las cargas mentales en aras de la paz interior. Aunque este trabajo puede transformarte a nivel individual, también tiene un impacto enorme en tu forma de relacionarte con los demás. El efecto dominó es tremendo.

Yo mismo lo descubrí cuando empecé a meditar: no solo mi mente se fue volviendo poco a poco más ligera y tranquila, sino que todas mis relaciones empezaron a ser más fáciles y equilibradas. La energía con la que contribuía a las interacciones estaba más llena de amor y calma, y los demás podían sentirlo. A medida que avanzábamos en nuestro camino de meditación Sara y yo descubrimos que no necesitábamos andar con tanto cuidado el uno con el otro porque nos entendíamos mejor. En el pasado, algo tan trivial como olvidar una cita con el médico se convertía en una discusión total sobre la responsabilidad y el respeto por el tiempo del otro, pero ahora, aunque puede que nos enojemos durante unos minutos, lo aceptamos como un error, ambos asumimos nuestra parte de responsabilidad y discutimos cómo podemos manejar mejor las cosas en el futuro.

Una de las principales señales de que progresas cuando estás en proceso de sanación es cómo cambia la experiencia de estar solo. Cuando estar solo pasa de ser un momento en el que te distraes de forma intencional en consumir información, viendo la televisión o navegando por el teléfono, a ser capaz de estar solo sin buscar ninguna distracción, entonces sabes que vas por buen camino. Permitirte simplemente ser no solo es un signo de fortaleza interior, sino que también demuestra cualidades como la paciencia y la conciencia de uno mismo. Claro está que algunas personas disfrutan más del tiempo a solas que otras, pero si tu tiempo a solas te permite estar sin distracciones, es un signo de madurez emocional. Yo soy extrovertido por naturaleza y pasé gran parte de mi adolescencia y de mis veintes huyendo de mí mismo, buscando siempre estar en entornos sociales. En ese entonces no me daba cuenta, pero estaba tratando de evitar toda la ansiedad y la tristeza que había acumulado. Sin embargo, a medida que me centré en mi crecimiento y mi desarrollo personal, empecé a disfrutar y a apreciar mucho más el tiempo a solas.

También es importante tomar en cuenta que, aunque no hayas pasado por una ruptura sentimental intensa o un trauma, siempre hay espacio para acercarte más a ti mismo. Incluso si tu vida ha sido hermosa y tranquila en general, siempre habrá momentos en los que experimentarás dificultades, en los que tus emociones serán intensas o en los que el resultado de la vida contrastará con lo que deseas. Estos momentos difíciles dejan huella en la mente y, con el tiempo, nos ponen un poco más a la defensiva y hacen que seamos un poco menos abiertos. Cuando experimentamos estas dificultades una y otra vez, terminan por convertirse en bloqueos que nos hacen sentir tensos y pesados, y nos impiden conectar a profundidad con otras personas.

Es muy fácil que el dolor que has sentido se pueda transformar en muros que te impiden abrirte de forma plena con otro ser humano. Los mismos patrones defensivos que te ayudaron a sobrevivir en momentos difíciles pueden reaparecer en momentos de paz aparente. Lo que te ayudó a sobrevivir en el pasado puede impedirte amar bien a alguien en el presente. Gran parte de la sanación gira en torno a dejar ir, y para muchas personas dejar ir el pasado significa aligerar el presente. Esto significa bajar la guardia de forma intencional y recordarte a ti mismo que la intimidad emocional y la conexión no son un espacio peligroso, sino una oportunidad para elevar una relación.

Cuando examinas si te amas bien a ti mismo, no solo tienes que considerar la dinámica interna de cómo te relacionas con tus emociones y tu historia, sino que también es necesario que examines con honestidad cómo te tratas a ti mismo en el día a día. Amarte bien a ti mismo se manifestará en tu cuidado intencional. La forma en que te tratas a ti mismo puede tener un impacto positivo o negativo en cualquier relación potencial.

El arte de decir sí y no

Si quieres ayudar a los demás, si quieres servir al mundo y hacer del bien tu misión en la vida, entonces no tienes otra opción más que asegurarte de que cuidas bien de ti mismo. Tu compasión por los demás puede ser tan fuerte que a veces te olvidas de preguntarte qué es lo que tú necesitas y de dedicar tiempo a tu revitalización personal. Olvidarte de ti mismo puede dejarte en una posición de desequilibrio potencialmente peligrosa en la que te empujas a un profundo nivel de agotamiento. Cuidar de los demás es hermoso y noble, pero también lo es hacer lo que necesitas para tu desarrollo personal. Para ser la mejor versión de ti mismo, debes ser amable con los demás y, al mismo tiempo, darte lo que necesitas para florecer. No es una cuestión de una cosa o la otra: es absolutamente posible ser una persona cariñosa y no agotarte por completo en el proceso.

Sé consciente y crea sistemas que te ayuden a vivir como la mejor versión de ti mismo. Pon atención y asegúrate de no esforzarte en exceso. Sé intencional y haz lo que necesites para mantener tu depósito lleno. Tener prácticas restauradoras para no llevarte al extremo ni perder el equilibrio es una de las mejores formas de quererte bien.

Decir "sí" con demasiada frecuencia a las demandas o peticiones de los demás puede crear una situación en la que gastes demasiada energía. Es valioso ser amable, pero no a costa de tu bienestar.

En nuestro mundo acelerado, es necesario saber hasta qué punto puedes decir "sí" y decir "no" de forma activa a todo aquello que no se ajuste a tu intuición. Ser honesto contigo mismo sobre lo que es importante te ayuda a centrar tu energía en tus objetivos más significativos y te ayuda a mostrarte lleno de vitalidad ante las personas que más te importan.

Se necesita mucha fuerza para decir que no, y gran parte de esa fuerza proviene de tu compromiso a no complacer a los demás. A veces tendemos a pecar de amables y terminamos por ser demasiado complacientes, y otras veces la mente puede contener patrones de la infancia que provienen del miedo al abandono y hacen que anhelemos la falsa seguridad de hacer felices a los demás. En ambos casos, complacer a los demás es un comportamiento que puede provocar que te pierdas a ti mismo. Cuando te centras demasiado en complacer a los demás, te olvidas de satisfacer tus propias necesidades y fallas en llevar a cabo aquellas prácticas que te ayudan a recargar tus propias pilas. Complacer a los demás es un comportamiento que se aleja mucho del camino intermedio equilibrado: asegurarte de que los demás obtienen lo que quieren de ti, en lugar de asegurarte de que tú obtienes lo que necesitas de ti mismo, puede dejarte gravemente agotado.

Mientras lees esto, es importante que tu mente llegue a un punto de balance. Es muy valioso vivir una vida de servicio, ser amable con los que te rodean, tratar bien a las personas y ayudar cuando puedes. Pero esto debe ser un estilo de vida mesurado, en el que te esfuerces por hacer el bien a los demás y, al mismo tiempo, te asegures de tratarte bien a ti mismo. Caer en cualquiera de los extremos provocará tensión interna y fricción externa. Centrarte solo en ti mismo puede volverte egocéntrico, y centrarte solo en los demás puede llevarte a niveles peligrosos de agotamiento. En el punto medio encontrarás mayores niveles de paz interior y plenitud.

Construir una base firme de prosperidad interior no es fácil. Requiere una fuerte intención que le dé a tu vida una trayectoria clara por la que avanzar. La generación de la sanación está emprendiendo un gran esfuerzo en centrarse en sí mismos y en hacer lo necesario para estar sanos, felices y realizados: estamos sanando activamente el dolor, el trauma y los patrones de hábitos contraproducentes que llevamos dentro. Mantener el compromiso con tu desarrollo interior es algo que poco a poco se está convirtiendo en una norma cultural. En realidad, se trata de un movimiento masivo hacia un mayor autoconocimiento y la creación de prácticas basadas en lo que has aprendido sobre ti mismo para ayudarte a brillar más en la vida.

La cruda realidad:

Tu relación con el silencio
refleja qué tan en casa te sientes
en tu propia mente y en tu propio cuerpo.

Si necesitas escapar
constantemente de ti mismo,
hay un dolor sin procesar dentro de ti
que necesita atención y cuidado.

La forma en la que te tratas a ti mismo en tu mente se refleja en la forma en que tratas a las personas con las que te encuentras en tu vida diaria. Tu mundo interior está moldeando constantemente tu mundo exterior, y eso incluye la forma en que hablas y actúas. Cuando una persona muestra rudeza, hostilidad, rabia y brusquedad injustificadas, es una señal de que su mente es un lugar inestable, un hogar sin paz. La turbulencia de su mente se desborda y alcanza a quienes están más cerca. Con frecuencia, cuando alguien se encierra en un modo de hiperdefensividad, como si la vida fuera una guerra, esto significa que hay muchos traumas sin resolver y viejos dolores que han creado densas capas de condicionamientos. Esto hace que sea difícil producir acciones fuera de los patrones de hábitos profundamente enredados que adquirieron mientras intentaban sobrevivir. *Solo puedes dar lo que tienes, pero eso no significa que todos estemos atrapados como somos*. La mente es mutable, tiene la capacidad de cambiar. Podemos deshacernos del peso mental que cargamos con la ayuda de buenas herramientas y determinación.

Uno de los mayores regalos que le puedes dar a una nueva pareja es llegar a una relación con una base de bienestar interior. Tener claridad sobre lo que necesitas para ser feliz es de gran ayuda porque evita que esperes que tu felicidad provenga únicamente de tu pareja. Esto es algo con lo que la generación de la sanación lucha en la actualidad: somos los creadores de nuestra propia felicidad, y nuestras parejas solo pueden apoyar y sumar a la felicidad que fluye desde nuestro interior. El bienestar que cultivas proviene del trabajo que has hecho para romper las ilusiones que te han estado frenando. Culpar constantemente a otros por cualquier tensión que sienta tu mente, esperar que una relación siempre avance sin discusiones o que la vida no presente ningún desafío son todos malentendidos que han creado grandes tensiones mentales. Poder asumir mayor responsabilidad sobre tu percepción y la forma en que reaccionas a lo que sientes apoya directamente tu bienestar interior.

La magia sucede cuando dos personas que están en proceso de desarrollar su propio bienestar interior, o al menos están abiertas a ello, se unen como pareja y se dan cuenta de que el éxito de su relación depende del éxito de su desarrollo personal.

Tu sanación se refleja directamente
en la nueva calma de tus reacciones.

Seguirás sintiendo tristeza, ansiedad, tensión, etcétera,
pero no con tanta intensidad como antes.

Once propiedades del crecimiento interior

1. Dedicas tiempo a sanar y crecer. Lo mismo si has sufrido algún trauma como si no, todos hemos atravesado momentos difíciles, y esos momentos dejan huellas en la mente que influyen en nuestros pensamientos y acciones. Encontrar y utilizar prácticas de sanación que te funcionen puede descondicionar la mente para que esté menos a la defensiva y más abierta al flujo natural y a la belleza de la vida.
2. **Entiendes cómo tu propia percepción influye en tus reacciones y tus estados de ánimo.** Culpar a eventos y personas externas de todas tus emociones crea una situación en la que constantemente cedes tu poder. Asumir la responsabilidad de tu mentalidad no solo te ayuda a crecer, sino que también amplía tus oportunidades de ser feliz.
3. **Eres consciente de a quién dedicas tu tiempo.** Haces todo lo posible por crear un círculo íntimo que te nutra y te haga disfrutar. Lo que destaca es la voluntad común de cuidar unos de otros y la motivación para ayudarse mutuamente a superar los retos de la vida.
4. **Practicas volver al momento presente.** Cuando tu mente se centra demasiado en el pasado y en el futuro y se vale de pequeños detalles para construir narrativas llenas de tensión, puedes acabar creando problemas donde realmente no los hay. Ser capaz de volver a tu centro para no sacar conclusiones precipitadas puede ayudarte a evitar caer en la negatividad o actuar de forma impulsiva.
5. **Dejas de sobrevalorar la vida atareada.** Tienes tus metas, pero te das cuenta de que puedes trabajar para alcanzarlas sin destruirte en el proceso. No hay nada valiente en llegar a la extenuación. En cambio, utilizas tu energía de forma intencionada y te esfuerzas por conseguir las cosas que te gustan, pero de forma equilibrada.
6. **Te tomas tiempo para sentir gratitud.** Reflexionar sobre todas las cosas hermosas y sencillas de tu vida que sueles dar

por sentadas te ayudará a mantener los pies en la tierra. Ser capaz de recordar todas las cosas buenas y a las personas de tu vida impide que la mente se centre únicamente en lo que quiere a continuación. Es fácil pasar de la gratitud a la alegría.

7. **Te mantienes en contacto con tus emociones sin apegarte a ellas.** Es importante reconocer cómo te sientes, sobre todo cuando te sientes pesado, pero al mismo tiempo comprender que este sentimiento no durará para siempre. No dejar que los sentimientos temporales gobiernen tus acciones te ayuda a tener una mente menos tensa.
8. **Te recuerdas a ti mismo que debes reducir el ritmo.** Entre las cosas de las que tienes que ocuparte en la vida cotidiana y la forma en que la tecnología intenta constantemente captar tu atención, se pueden perder muchas cosas. Reduce el ritmo a uno saludable para poder estar presente con las personas, la naturaleza y las actividades que te gustan.
9. **Sigues tu intuición sin descanso.** Tu intuición te ayuda a crecer, te guía hacia una vida mejor y te ayuda a hacer realidad tus aspiraciones más profundas. Poner atención a la dirección que te indica puede ayudarte a descubrir el siguiente capítulo de tu vida.
10. **Vives con amabilidad y bondad.** Intentas hacer cosas buenas por los demás, pero de forma equilibrada para no agotarte. Tener una naturaleza generosa y tratar bien a las personas contribuye directamente a tu paz interior.
11. **Siempre estás abierto a aprender y a crecer.** Entiendes que no eres perfecto y tienes la humildad necesaria para seguir evolucionando. El conocimiento se expande de forma constante, lo que significa que siempre hay más por comprender.

Uno de los mejores límites que puedes tener
es no permitir que la energía de otras personas
afecte tus emociones.

Vivir en paz incluso cuando
te encuentres con quienes buscan
que te unas a su tormenta
es una señal de profunda madurez.

La definición de la felicidad

Sin una definición adecuada, la felicidad siempre parecerá esquiva e inalcanzable. La felicidad puede parecer una meta opaca hasta que te das cuenta de que lo que realmente buscas es una mezcla de paz y alegría.

En el camino hacia la felicidad, muchos se desvían pensando que lo que buscan es el placer. Confundir la felicidad con el placer es problemático porque el ansia de placer genera mucha tensión en la mente y la mantiene centrada en cosas externas. Esta idea te hace pensar que lo que necesitas está fuera de ti. Aun cuando consigues lo que quieres, siempre hay algo más que desear, es un patrón de hábito sin fin y absolutamente insatisfactorio. Jim Carrey dijo una vez: "Creo que todo el mundo debería volverse rico y famoso y hacer todo lo que siempre ha soñado para poder ver que esa no es la respuesta".

Después de reflexionar un poco, se llega a la conclusión de que la felicidad no tiene que ver con lo que puedes conseguir, sino que es una mentalidad interna que se cultiva. Cuando examinas tu propio pasado, ves que la distancia entre tú y la felicidad ha sido creada por la intensidad de tus reacciones y la turbulencia de tu mente, y ambas dinámicas son internas y pueden destrozar el gozo de las cosas buenas que intentan llegar a ti o incluso de las cosas que están justo delante de ti. Si tu mente no está en un buen lugar, no será capaz de aceptar los regalos que la vida intenta darte.

Para construir una mentalidad que permita la felicidad, necesitas desarrollar la cualidad de no reaccionar. Por lo general, la vida es incontrolable y no es posible vivir sin desafíos, por lo que eventualmente aparecerán cosas indeseadas y situaciones difíciles. Ser capaz de crear un espacio en tu mente donde puedas reconocer algo como indeseable sin reaccionar con intensidad ni suprimirlo no solo te ayuda a lidiar mejor con ello, sino que también te mantiene conectado con tu paz. No reaccionar de manera impulsiva abre el espacio para que la paz exista en tu mente. Cuanto menos reaccionas, más paz tienes.

De igual forma, para que exista la alegría, es necesario cultivar el sentido de la presencia. Si estás desconectado de lo que ocurre dentro de ti y de lo que tienes delante, no podrás experimentar la verdadera profundidad de la alegría. Ser capaz de pasar más tiempo en el momento presente y prestar más atención genuina a las personas con las que interactúas abre la posibilidad de que surja más alegría en tu interior.

Tanto la paz y la alegría como sus contrapartes, la no reactividad y la conciencia del momento presente, provienen de una cualidad particular de la mente: la ecuanimidad. Cuando la mente está estable y en equilibrio, cuando percibe el mundo sin aferrarse a él, cuando simplemente observa sin juzgar, la mente se encuentra en un estado de ecuanimidad. La puerta que da acceso a la belleza plena de la vida y a la sabiduría del universo se abre gracias a la ecuanimidad.

Objetivo:

No permitas que la turbulencia
emocional de los demás
te haga perder de vista
el estado de ánimo
que deseas.

Para ser de verdad feliz, la ecuanimidad tiene que formar parte de la ecuación. La definición de felicidad es la paz y la alegría que se experimentan al tener una mente ecuánime.

Cambiar tu entorno externo, como alejarte de situaciones tóxicas o cambiar de trabajo o de ciudad, puede ser muy útil, pero nada puede tener un impacto tan grande en tu vida como cambiar el entorno interno de tu mente y tu corazón. Tienes que recordarte esta verdad una y otra vez a lo largo de tu viaje, porque a la mente no le gusta asumir la responsabilidad de sí misma, tiende a ver todos los problemas como externos. Si te propones el objetivo de construir la paz dentro de ti mismo, eso significa que tendrás que centrarte en desarrollar tres cualidades esenciales: la conciencia de ti mismo, la no reactividad y la compasión. La conciencia de uno mismo es necesaria para estar en sintonía con la forma en que cambian tus emociones y no permitir que las narrativas que se construyen en torno a la tensión tomen el control. La no reactividad te ayuda a desacelerar en los momentos difíciles para que puedas preguntarte cómo quieres mostrarte realmente en lugar de limitarte a reaccionar a la defensiva. La compasión es necesaria para que puedas ser más amable contigo mismo y con los demás. Fortalecer estas cualidades internas te ayudará a afrontar con mayor fluidez los altibajos de la vida.

Preguntas para reflexionar

- ¿Cuáles son las tres cosas más importantes que has aprendido sobre ti mismo desde que empezaste a desarrollar tu autoconciencia?
- ¿A qué estás apegado?
- ¿De qué manera tu pasado influye en tu forma de ser en tu vida actual?
- ¿Cómo ha influido tu pasado en tus objetivos actuales?
- ¿Hay alguna emoción que te da miedo sentir?

3

Cómo prosperar

Un objetivo muy común es el de vivir una vida en la que sientas que en verdad estás prosperando. Lo difícil es crear las condiciones para tu propia prosperidad interior. Lo que tú necesitas para ser la mejor versión de ti mismo, para evolucionar profundamente y dejar atrás las partes difíciles de tu pasado, puede ser muy diferente de lo que necesita otra persona.

Cuando se trata de estar en una relación, también parece claro que ser la mejor versión de uno mismo, donde se puede sentir satisfacción y alegría y donde se entiende lo que hay que hacer para crear la propia felicidad, es importante para el éxito de la pareja. Hacerse feliz a uno mismo es mucho más duradero y eficaz que buscar a alguien que te haga feliz. La felicidad, la paz y la compasión que eres capaz de aportar a la relación ayudarán a elevar la armonía que ambos crean.

Para poder prosperar dentro de ti mismo, necesitas encontrar la práctica adecuada que deshaga los patrones densos que siguen trayendo tu pasado al presente. Ese material emocional pesado que todos llevamos en nuestro subconsciente nubla nuestras perspectivas y crea distancia entre nosotros y nosotros mismos, y entre nosotros y aquellos a quienes deseamos amar bien.

Hay muchísimas prácticas en el mundo que han ayudado a un gran número de personas, así que no hay necesidad de reinventar el hilo negro. *Tu misión es encontrar una práctica que sea desafiante pero no abrumadora*. Algo que de verdad te ayude a ser más fuerte y a abordar tu pasado y tus patrones inútiles, sin presionarte demasiado ni demasiado rápido. Encontrar el punto ideal que te permita sentir la incomodidad de desarrollar las cualidades que necesitas para mejorar tu vida y, al mismo tiempo, sentirte apoyado por la práctica y la comunidad es una misión difícil, pero bien vale la pena. No es fácil enfrentar la historia emocional que ha permanecido oculta en lo más profundo de tu mente y tu corazón. Pero puedes encontrar el equilibrio en el esfuerzo sin agotarte: si con la estrategia que estás siguiendo el pasado resurge con demasiada fuerza y te hace sentir fuera de balance o lo sientes como demasiado, entonces esa práctica no es adecuada para ti en este momento.

El crecimiento personal está destinado a ser un viaje sostenible y a largo plazo. La palabra clave aquí es *sostenible*: necesitas encontrar un ritmo en el que evolucionar sin que te provoque más incomodidad de la necesaria. Una vez más, hay muchas técnicas que te pueden ayudar: terapias occidentales, métodos orientales de meditación (hay un gran número de tradiciones de meditación, cada una con enfoques y comprensiones únicas de la mente humana), escribir un diario, introspección, psiquiatría, ejercicios de sanación somática, trabajo de respiración, pasar tiempo en la naturaleza, el simple hecho de no huir de tus emociones, incluso las rutinas de *fitness* y los hábitos alimenticios saludables pueden ser de gran ayuda para equilibrar la mente. Todos estos son métodos que pueden ayudar a una persona, pero es importante no meterlos en una misma categoría y considerarlos todos iguales, ya que algunos pueden llegar a capas muy profundas de la mente y otros no tanto. Lo importante es que encuentres algo que te parezca adecuado y que te armes de valor para dar los pasos necesarios. También sabrás que una técnica o terapia es adecuada para ti si tu intuición te dice claramente que vale la pena dedicarle tiempo.

Tu intuición es en extremo valiosa para encontrar la herramienta adecuada para ti, porque notarás que cada persona tiene una forma diferente de activar el amor propio y el cuidado personal. Si alguien en quien confías te recomienda algo, es una buena señal de que lo que está haciendo le está dando resultados, pero eso no significa necesariamente que sea adecuado para ti. En especial para aquellos que han pasado por traumas graves o han experimentado momentos de desequilibrio mental en sus vidas, existen herramientas y métodos para que puedas sanar, pero hazlo con cuidado para no abrumarte una vez que empieces a profundizar en tu interior. Cuando se trata de una sanación profunda, ir despacio y con paso firme te garantiza ganar la carrera.

Mantener dos prioridades
puede mejorar radicalmente tu vida:

Confiar siempre en tu intuición
en las decisiones importantes de la vida.

Pasar tiempo intencionadamente
con personas amables y abiertas al crecimiento.

Doce lecciones de doce años de seria meditación

Lo increíble de la época en la que vivimos es que hoy en día existen diversas modalidades que pueden ayudarte a transformar tu vida. Incluso en mi propio círculo, he visto a familiares y amigos beneficiarse enormemente de diferentes formas de terapia, psiquiatría, meditación y cambios en el estilo de vida que les han ayudado a desarrollar una mayor conciencia de sí mismos. Las soluciones están ahí, el reto es encontrar algo que encaje con tu intuición, que te satisfaga tal y como eres y que te ayude a obtener beneficios reales que contribuyan a transformar tu conducta para mejor.

Me siento afortunado de haber encontrado lo que me funciona cuando aún era muy joven. Gracias a mi buen amigo Sam, descubrí un estilo de meditación Vipassana enseñado por S. N. Goenka que se adaptaba a la perfección a mi condición y que me ayudó a desarrollar las cualidades que me faltaban. Me ayudó a dar sentido a mi vida y me puso en el camino hacia la libertad. En concreto, la libertad del sufrimiento que nos causamos a nosotros mismos al reaccionar de forma inconsciente y desear cosas sin cesar.

Mi mayor logro en estos doce años de profundización en la meditación es el equilibrio. La mente salta de un lado a otro a menos que la entrenes para comprender las sutilezas. Anhelará en lugar de desarrollar objetivos conscientes, odiará en lugar de tener compasión y construir límites, intentará controlar todo en lugar de aceptar el cambio. Todos los largos retiros de meditación a los que he asistido y mi práctica diaria de meditación me han ayudado enormemente. Todavía me queda mucho por aprender y por dejar atrás, pero puedo decir que el tiempo y el esfuerzo que he dedicado han valido la pena, porque mi mente está más ligera que antes y reacciona con menos intensidad que antes.

Las siguientes son doce lecciones que he aprendido en doce años de meditación seria:

1. **El dolor se propaga a través de la red de la humanidad.** Quienes causan daño han sido heridos. El daño se transmite de una persona a otra. Las personas que aprenden a sanarse a sí mismas son puntos en la red de la humanidad donde el daño disminuye y donde es menos probable que se propague a otra persona. Tener una mentalidad en la que se hace todo lo posible por no dañar a quienes se cruzan en tu camino hace que el mundo sea un lugar más pacífico.
2. **El ego y el sentido del yo no son fundamentalmente reales.** Nuestro sentido del yo es creado por los rápidos movimientos de la mente. La división y la jerarquía son construcciones mentales. Estar apegado a nuestro sentido del yo es un apego a una ilusión. En lugar de vivir desde el ego, vive desde la compasión por ti mismo y por todos los seres. Vivir desde la compasión es un camino que conduce al bienestar; vivir desde el ego conduce a repetir tu pasado y permanecer en una mentalidad de supervivencia. El ego también conduce a la culpa excesiva, tratando de razonar que las cosas nunca son culpa tuya.
3. **Rodéate de personas que tengan las cualidades que deseas desarrollar.** Esto facilitará tu proceso de crecimiento porque tu grupo de amigos tendrá una cultura que promueve las cualidades que estás construyendo activamente. Estar rodeado de personas que te inspiran puede ayudarte a sentirte con energía para seguir adelante con tus objetivos. Construir tus propios hábitos ayuda, por supuesto, pero no tienes que hacerlo todo solo. Estar rodeado de amigos que se mueven en la misma dirección que tú te impulsará con más rapidez.
4. **Tus acciones presentes crean tu futuro.** La energía que transmites al mundo también se forma con tus acciones. Si quieres cambiar tu vida, debes analizar seriamente las acciones que la están moldeando. Utiliza el poder de la elección para diseñar con intención tu futuro. Tu poder reside en el momento presente. Tu pasado influye en la forma en que percibes el presente; sé consciente de que tu percepción intenta que reacciones como lo has hecho antes. Se necesita una práctica

intencionada para romper con el pasado y aceptar plenamente el presente tal y como es.

5. **Haz que tu compasión sea ilimitada.** Vivir tu vida de forma intencionada, sin intentar dañar a los demás y trabajando de forma activa para ampliar tu compasión por todos los seres, te ayudará directamente a alcanzar la paz interior. Es natural que una mente que odia y actúa con maldad enfrente guerras. Cuando comprendas profundamente el poder del amor, verás que nadie es tu enemigo.
6. **Tener límites te ayudará a crecer.** Saber lo que no es para ti y no dejarte influenciar por otros para participar en cosas que agobian tu mente te ayudará a cultivar la mejor versión de ti mismo. Defenderte con habilidad, ser consciente de tu propia capacidad, decir no cuando sientas que es lo correcto y escuchar tu intuición sobre a quién y a qué debes dedicar tu energía son formas de definir el espacio de tu vida. Si alguien no te agrada, no tienes que estar cerca de esa persona; puedes desearle lo mejor en tu mente y seguir tu camino.
7. **Ser capaz de ver perspectivas diferentes a las tuyas es un signo de inteligencia y fortaleza mental.** Esta es una habilidad que ayuda a traer armonía a las situaciones interpersonales. Cuando logras ponerte en el lugar de los demás y ver las cosas desde su punto de vista, puedes comprender su perspectiva y despierta tu compasión.
8. **No te darás cuenta de lo fuerte que eres realmente hasta que te exijas al máximo.** Todos nacemos con determinación, pero la forma en que eliges vivir tu vida puede ayudar a fortalecer esa característica. Puedes tomar la fuerza que construyes a partir de un desafío y utilizarla en otras áreas de tu vida. Eres mucho más fuerte de lo que crees; una vez que aprovechas ese potencial, muchas más cosas se vuelven posibles.
9. **Tener un sentido fluido de la identidad que te permites cambiar, conduce a una vida más feliz porque te mueves con el flujo natural del cambio en lugar de ir en contra de él.** Existes gracias al cambio. Cuando piensas en quién eres en el nivel más profundo, eres en esencia la unión de fenómenos

físicos y mentales a velocidades increíblemente rápidas: desde el nivel celular hasta el subatómico, todo en ti está en movimiento. Esto debería inspirarte a permitir que tus preferencias, gustos y aversiones evolucionen con el tiempo. No te aferres al viejo tú, deja que surja el nuevo tú.

10. **Intentar controlar todo es la receta para una gran tensión mental.** Los apegos en tu mente se manifestarán como intentos de controlar las cosas en tu vida diaria. Comprender que solo puedes controlar tus propias acciones es necesario para establecer una paz interior. Desde luego que podemos influir unos en otros, pero no podemos diseñar la vida de los demás. Déjate llevar con frecuencia si de verdad quieres saber lo que es la paz.
11. **Dedicar tiempo y espacio para trabajar en ti mismo no es ser egoísta; en realidad, es un gran regalo que te haces a ti mismo y a los que te rodean.** Ver tu vida como un viaje de crecimiento requerirá que seas consciente de lo que necesitas cultivar y te dará el valor para decir no a otras cosas para poder hacerlo. Siempre hay una contrapartida, pero la energía que dediques a trabajar en ti mismo te ayudará a estar mucho más presente, cuidadoso y confiado cuando estés con tus amigos y familiares.
12. **Las luchas internas profundas provienen de una mala relación con el cambio.** Si odias el cambio, tu mente estará llena de tensión. Toda la realidad es solo un enorme río de cambios, y luchar contra ello es una batalla perdida. La clave de la felicidad y la sabiduría está en aceptar el cambio; también te ayudará a apreciar todas las pequeñas cosas y a las personas de tu día a día. Aceptar el cambio te ayuda a mantenerte agradecido. Aceptar el cambio ayuda a tu mente a mantener el equilibrio.

Si buscas un buen consejo,
cierra los ojos y escucha tu intuición.

Las personas que te quieren
pueden darte buenos consejos, pero después de todo
tu conoces tu situación y tus objetivos mejor que nadie.

Siéntete cómodo dirigiendo tu propia vida.

La sanación es posible

Todos mis años de meditación, todas las horas que he pasado sentado en el cojín, me han dado una confianza innegable e indudable en el hecho de que los seres humanos pueden sanarse a sí mismos. El cambio a nivel más profundo es posible: los hábitos negativos que conducen a la tensión mental y a las malas decisiones no tienen por qué durar para siempre, y con intención se pueden diluir y sustituir por nuevos hábitos que afirman la felicidad.

Lo sé por experiencia propia, porque desde mi adolescencia y hasta mi veintipocos sufrí de profunda ansiedad, tristeza y miedo. Esa intensidad abrumaba mi mente y me hacía ver el mundo y a mí mismo a través de un prisma negativo; era una pesadez tan insoportable que empecé a consumir drogas y alcohol para evitar mi tensión interior. También intentaba estar siempre rodeado de gente para evitar las emociones intensas que más me atormentaban cuando estaba solo. Adquirí estos mecanismos de defensa de la cultura que me rodeaba y me llevaron por un camino oscuro. A diario elegía embriagar mi mente para evitar los sentimientos difíciles que sentía en mi cuerpo. Después de años de lidiar con sustancias tóxicas, mi cuerpo empezó a fallar; me sentía roto, sensible e increíblemente débil. Una noche en particular, casi pierdo la vida cuando tomé demasiadas drogas y mi corazón perdió el ritmo durante unas horas. Sentía que mi corazón iba a explotar. Entonces sentí que mi tiempo en la tierra estaba llegando a su fin, que mi vida se me escapaba de las manos mientras yacía en el suelo llorando y tratando de obligarme a seguir con vida. Estaba demasiado lleno de miedo y vergüenza como para buscar ayuda. Por fortuna, pude recuperarme y empezar una nueva vida. Sé que no todo el mundo tiene una segunda oportunidad. Cuando más tarde le describí lo que me había pasado a una doctora, me dijo que parecía que había sufrido un leve ataque al corazón. Tuve una suerte increíble de que no fuera el final, sino el principio.

Después de tantos años abocado a intoxicar mi mente para no tener que poner atención a las emociones difíciles que atravesaba mi cuerpo, no sabía cómo ser yo mismo. Lo único que había conocido durante ese periodo era consumir algún tipo de droga o alcohol para poder existir, para facilitar mi vida y mis interacciones con otras personas. Después de comprometerme a dejar todas las drogas duras, me di cuenta de que era un extraño en mi propia mente y mi propio cuerpo, que necesitaba conocerme a mí mismo y que la única manera de hacerlo era empezar a decirme la dura verdad. Finalmente acepté la tristeza, la ansiedad y el miedo de los que había estado huyendo sin cesar, y cada vez que aparecían, me desafiaba a mí mismo a sentirlos en lugar de volver a caer en mis viejos hábitos.

A medida que mi cuerpo fue recuperando la salud y empecé a hacerme amigo de mis emociones, descubrí la meditación Vipassana. Fue entonces cuando la sanación se hizo tan profunda que empezó a introducirme en la libertad. Me impresionó mucho que la meditación me ayudara a tener la mente más presente, más tranquila y menos rígida. Mi mente y mi cuerpo se sentían más ligeros. Me sorprendió que la sanación real fuera posible; mientras crecía, nadie me dijo que no teníamos que vivir para siempre con las aflicciones mentales que adquirimos en la vida. El hecho de poder descargar el pasado y reducir la intensidad de mis reacciones emocionales violentas sin ninguna supresión, simplemente observándolas mientras surgían y desaparecían, fue el comienzo de un cambio de paradigma personal para mí.

En mi propio ejemplo y en las vidas de mis amigos, he visto que cuando te propones superar el caos interior y combinas esa energía con una herramienta probada que te da resultados, el potencial para un cambio positivo se vuelve enorme. He visto a innumerables amigos volverse más tranquilos y hábiles gracias a la meditación. Algunos de ellos utilizaron la técnica que yo practico, y otros encontraron técnicas excelentes en otras tradiciones. Una de las mejores cosas que me ha pasado es poder ser testigo de que no hay una única forma de sanar, que no todo el mundo puede utilizar la misma técnica, que cada persona necesita encontrar lo que le funciona. Además de ver cómo muchos tipos diferentes de meditación ayudan a las personas a cambiar sus vidas, lo mismo ocurre con otras formas de terapia occidental. He escuchado tantas historias increíbles de personas que han encontrado al terapeuta o la modalidad adecuada que les ha ayudado a dejar atrás un viejo patrón y a comprender mejor sus vidas.

Si te preguntas quién
es tu gente, es quien hace
que tu corazón se sienta mirado
y tu sistema nervioso se sienta en calma.

Sí, es así de sencillo.

Vivimos en una época increíblemente imperfecta y desequilibrada; podrías pasar horas y horas enumerando lo que está mal en el mundo, pero lo único que siempre me da esperanza es que millones de personas se están sanando activamente en nuestra era actual. En verdad parece que está surgiendo una generación curativa. Esto no tiene precedentes en la historia; la sanación es algo que antes existía en muchas culturas, pero que se solía mantener al interior de comunidades más pequeñas. Pero ahora que el mundo está globalizado, las técnicas que producen grandes resultados se están volviendo más populares, se están extendiendo poco a poco y cada vez son más accesibles. A medida que las personas sigan trabajando en sus traumas y creando mejores hábitos, se sentirán inspiradas para ayudar a difundir estas herramientas. Algún día, la sanación podría incluso convertirse en un derecho humano. Todas las personas que sufren deberían recibir apoyo para acceder a las herramientas que necesitan para liberar la tensión de sus mentes.

La mentalidad del estudiante y la arrogancia espiritual

Con todas estas lecciones, lo más importante que he aprendido durante estos años de meditación seria es mantener la mentalidad de un estudiante. Sé que tengo mucho que aprender y que los maestros se presentan de diferentes maneras, a través de las personas que conocemos por casualidad, los libros que leemos y los maestros formales que nos dan las herramientas que utilizamos para desarrollar nuestra mente y nuestro corazón. Con toda honestidad, verme a mí mismo como un estudiante me ayuda a simplificar las cosas y a darme cuenta de que puedo crecer en sabiduría, que tengo más cosas que dejar ir y que me beneficiaría tener más conciencia de mí mismo.

En especial, cuando se trata de actividades relacionadas con el crecimiento, las experiencias que acumulamos no deben trocarse en arrogancia. El ego es muy astuto y se aferrará a cualquier cosa para hacerse más grande. El ego siempre busca formas de crear divisiones y jerarquías. Parte de la energía que mantiene unido al ego es el miedo, por lo que buscará cualquier motivo para ver a los demás como inferiores. Si cree que sabe algo que los demás no saben, utilizará esa información para crear un sentimiento de superioridad.

Reafirmarte a ti mismo que aún te queda mucho por aprender y que hay muchas personas en el mundo de las que puedes aprender te ayudará a mantener la humildad necesaria para florecer en tu felicidad y libertad. La humildad es una de las principales características que dan estabilidad a tu paz interior. La humildad requiere un cierto grado de equilibrio interior en el que tienes confianza en ti mismo, pero también estás dispuesto a escuchar la sabiduría y la experiencia de los demás con la esperanza de que te ayuden a aclarar tu propio camino.

Mientras más crece el ego, más se reduce tu libertad. La arrogancia espiritual puede convertirse en un gran obstáculo. Las verdades con las que te encuentras pueden cambiarte la vida, pero no significa que lo sabes todo, ni que debas autoproclamarte maestro. Cuando busques un maestro, cuídate de aquellos que emanan este tipo de arrogancia de "yo lo sé todo". La arrogancia es una forma de estrechez mental y densidad, hace que la mente sea inflexible y nubla en gran medida la percepción; lo más probable es que alguien que te dice abiertamente que lo sabe todo, tenga todavía mucho que aprender.

Las personas más sabias que he conocido en mi vida también eran las más humildes y amables. Las dos personas a las que considero mis maestros tienen una amplia experiencia en meditación. Uno lleva más de cincuenta años dedicándose seriamente a la meditación y el otro, más de treinta. Los dos viven la vida con una mentalidad de servicio a los demás. Son desinteresados, no les importa la fama, se dedican a ayudar a los demás y se esfuerzan por tratar a todas las personas con la mayor compasión posible. Su paz es evidente y su humildad se percibe a través de sus acciones. Ninguno de los dos buscó convertirse en maestro de meditación; más bien se les pidió que enseñaran.

Hay algo muy especial en el ejemplo del Buda. Después de su iluminación, no comenzó a enseñar de inmediato. Durante unas semanas siguió meditando y caminando por la zona de Bodh Gaya, en el norte de la India. Durante ese tiempo, reflexionó sobre lo que había comprendido y disfrutó de la paz de la verdadera ausencia de ego y de la libertad que se obtiene cuando se extingue el fuego del deseo. Después de algún tiempo, un ser llamado Brahma Sahampati bajó para hablar con el Buda y le pidió que no guardara para sí mismo su conocimiento y el camino para liberarse de sí mismo, le pidió que enseñara con la esperanza de que otros también pudieran ser libres. El Buda, aunque sabía que el camino hacia la libertad era difícil de enseñar, se dio cuenta de que debía hacerlo por compasión, pero solo se permitió enseñar después de que otro se lo pidiera. Hay un elemento de humildad en ello que es muy inspirador.

Verte a ti mismo como un perpetuo estudiante mantiene tu mente abierta y ágil. Desarrollar la arrogancia cierra la mente a una mayor expansión. Si de verdad tu misión es aprender y crecer, si la felicidad es uno de tus objetivos, entonces tendrás que hacer todo lo posible por dejar de lado la pomposidad del ego. Hay conocimientos que ni siquiera sabes que existen. Información que puede ayudarte a mejorar tu vida y tu mente. Para poder adquirir lo que está fuera de tu ámbito de conocimiento, la mente necesita derribar de forma intencional los muros que la arrogancia busca crear.

Sobre reducir la velocidad

La posibilidad de reducir la velocidad está subestimada por su simplicidad, pero puede ser una de las herramientas más útiles en tu camino.

Todo parece moverse a la velocidad del rayo: las redes sociales, la tecnología, las noticias. Saltamos rápido de una novedad a otra. La velocidad de todo es agotadora; esto puede causar estrés y ansiedad porque nuestro entorno nunca está quieto, está en constante flujo.

La estructura de la sociedad que formamos en nuestra mente y las opiniones en las que nos apoyamos y que aportan estabilidad a nuestra identidad se reformulan y se cuestionan constantemente. Lo que sabemos siempre se está tranformando y lo que creemos que deberíamos saber no deja de expandirse.

Además de la tensión interna que genera la velocidad implacable, está el hecho de que la rapidez impide observar con detenimiento. Al saltar colectivamente de un tema a otro, nos resulta más sencillo adoptar las opiniones ajenas antes que desacelerar para aprender, examinar la situación o, simplemente, admitir que carecemos de conocimiento para formarnos un juicio sólido. Existe un deseo innato de permanecer con la manada para no quedarnos rezagados, pero el precio de esto puede ser no profundizar nuestra comprensión y afinar nuestro criterio.

Lo más sencillo que puedes hacer
por tu salud mental es avanzar
a tu ritmo natural.

No te sientas presionado por quienes te rodean.
Tómate tu tiempo para responder a los mensajes de texto
y los correos electrónicos.

No todo necesita una solución inmediata.
No dejes que la tecnología te domine.

Se necesita valor para desacelerar y formarse una visión clara del mundo. Se necesita una energía valiente para vivir en tu poder y pisar el freno para poder mantenerte alineado con lo que es importante para ti. Si quieres ser tú mismo, tendrás que avanzar a tu propio ritmo. Si te adaptas al ritmo de los que te rodean, el riesgo de perderte a ti mismo es mayor.

Reducir el ritmo es la forma en la que te puedes anclar. Así es como reconectas con tu paz y tu intuición. Reducir el ritmo te ayuda a comprenderte a ti mismo y a los demás. Reducir el ritmo abre la puerta a un aprendizaje más profundo. Es como puedes reafirmar la forma en que quieres mostrarte al mundo. Reducir el ritmo es necesario si quieres vivir de forma intencionada. Es el único modo de asegurarte de que vas en la dirección correcta.

El mundo está cambiando con gran rapidez, sobre todo en el área tecnológica. La velocidad con la que recibimos información y la gran cantidad de opiniones que hay en internet son abrumadoras. Obligarnos a tener una opinión sobre cada tema que surge es poco realista; se necesita mucho tiempo para procesar información imparcial y formarse una opinión fundamentada sobre un tema. Reducir el ritmo para simplemente poder escuchar, reflexionar y aprender más sobre diferentes situaciones globales resulta difícil cuando internet nos empuja a sacar conclusiones precipitadas. En todo caso, si queremos vivir en nuestro poder, necesitamos desacelerar, sobre todo cuando sentimos que el mundo se mueve rápido. No hay nada de malo en decir: "En realidad, quiero aprender más sobre lo que está pasando antes de dar mi opinión". Hacer preguntas para aprender más es otra forma estupenda de participar sin sacar conclusiones precipitadas. La velocidad a la que avanza la tecnología provoca ansiedad y puede llevarnos a pensar de forma frenética, a saltar de un extremo al otro. Esto significa que las herramientas que utilizamos para desarrollar nuestra paz interior y nuestro bienestar son más importantes que nunca. Para poder enfrentar el caos del mundo, necesitamos cuidar constantemente nuestra armonía interior. Para ello, es esencial que nuestra sanación sea una prioridad absoluta.

Desde luego, no es posible dedicar tiempo a comprender cada pequeño detalle y no siempre podemos detenernos, pero ser conscientes de que todo se mueve de forma vertiginosa puede ayudarnos a ralentizar de un modo intencionado cuando nos sentimos sobreestimulados o en momentos importantes. La habilidad clave que debemos desarrollar es ser conscientes de nuestra atención y tomarnos el tiempo para desarrollar una perspectiva más completa. *Ser capaces de ralentizar cuando queremos o necesitamos hacerlo es un reflejo de nuestra madurez.*

El poder de dejar fluir en lugar de forzar

Intentar permanecer igual es doloroso e intentar moldear todo a tu antojo es imposible.

La verdad fundamental de la realidad reside en su perpetuo avance. Nada es estático, nada permanece inamovible; todo existe en un estado constante de flujo. Cada nivel de existencia en nuestro universo da forma, en esencia, a un río de cambio. El río nunca es el mismo, ni llegará a ser totalmente predecible o controlable.

El río del cambio no forja un destino caótico o carente de sentido, ni nos despoja de nuestro poder. Este movimiento de impermanencia simplemente crea un equilibrio en el que podemos expresarnos a través de nuestros pensamientos, palabras y acciones en el momento presente, pero impide que cualquier individuo ejerza un control absoluto sobre la realidad. Esto crea una situación en la que, nos guste o no, tendremos que aprender a soltar nuestro deseo de obtener un resultado determinado. No todo saldrá como deseamos.

El cambio también busca enseñarnos una lección sobre cómo permitir que nuestra identidad se transforme mientras navegamos las vicisitudes de la vida. Mantener las mismas preferencias y perspectivas a lo largo de años y décadas no es posible ni lógico. Tu mente, de manera consciente e inconsciente, procesa constantemente nueva información que, con el tiempo, modifica tu forma de verte a ti mismo y al mundo. Aunque estos cambios sean al principio pequeños e imperceptibles, terminarás notándolos cuando tus gustos y aversiones empiecen a cambiar y tus acciones empiecen a reflejar tu nueva evolución. Intentar permanecer igual es como nadar contra la corriente del cambio. Se necesita una dosis de ilusión y un gran esfuerzo para creer de verdad que no cambias.

Algunas personas de tu pasado
se aferrarán a una versión de ti
que ya no existe.

Los años de experiencia, crecimiento
y retos superados inevitablemente
transforman quien eres.

Si te gusta la persona en quien te has convertido
y por fin encuentras paz en tu mente y en tu vida,
eso es lo único que en verdad importa.

Si intentas observar la realidad de forma intencionada, te darás cuenta de que te invita a adoptar una mentalidad fluida. No se trata solo de permitir que tu identidad se transforme mientras aprendes más sobre ti mismo y sobre el mundo, sino que debes esforzarte por fluir en la vida en lugar de intentar controlar todos los resultados posibles.

Es importante que practiques esto sin irte a los extremos: debes tener metas y construir tu vida intencionadamente a través de tus acciones, esto es bueno para ti, pero dejar de controlar cada pequeña cosa te ayudará a pensar con mayor claridad y a tener más paz. Incluso al enfrentar grandes reveses, poder procesar y luego seguir adelante, en lugar de dejarse abrumar por un resultado indeseable, es una gran habilidad. De igual modo, tener un sentido de los valores que funcione como un ancla para tu identidad es útil porque te ayudará a relacionarte con el mundo y quienes te rodean. Los valores pueden funcionar como un filtro que te ayuda a decidir quién y qué es o no es para ti. Una mentalidad fluida no consiste en no actuar y ser completamente amorfo, sino en llevar una vida activa sin olvidar que el cambio es algo que hay que aceptar en lugar de resistirlo.

Es más fácil fluir en lugar de forzar si sueltas los apegos de forma intencionada. La mente crea muchos apegos con rapidez: anhela determinados resultados e intenta forzar su materialización. El problema surge cuando lo que deseamos escapa a nuestro control, en especial si involucra a otras personas. El apego puede llevarnos a querer controlar a los demás, lo que termina minando la libertad y la alegría en nuestras relaciones. En el mejor de los casos, puedes ofrecer consejos o expresar a otros tus deseos, pero no puedes controlar cómo actúan los demás.

Cuando intentas fluir intencionadamente por la vida, te esfuerzas por comunicarte con claridad, pero comprendes que el auténtico crecimiento de cualquier relación nace de la alineación mutua en compromisos, y no de forzar situaciones para que las cosas salgan siempre como tú quieres. Crear apegos es como lanzar anclas en el río del cambio, excepto que este es un río que no tiene fondo, las anclas no te ayudarán a conseguir los resultados que deseas y cada una de ellas te lastrará más y nublará tu mente.

Para la mayoría, elegir fluir en lugar de forzar implica un verdadero cambio de la filosofía de vida personal. Crecemos condicionados por el apego y debemos aprender conscientemente a soltar una y otra vez. Soltar no es sencillo, pero elegimos este camino porque es el único que conduce a la felicidad genuina, a la paz interior y esa sabiduría que te ayuda a ser libre.

Sobre el crecimiento y la bondad

El egoísmo es un concepto erróneo en el mundo del bienestar.

Cuando decides aceptar tu evolución, inevitablemente comenzarás a tomar decisiones diferentes en tu vida. Tus acciones se alinearán progresivamente con la persona que aspiras a ser en el mundo, tus preferencias cambiarán poco a poco y lo que esperas de tus relaciones reflejará la autenticidad que cultivas en tu interior. Al fortalecer tu conexión contigo mismo, buscarás de forma natural conexiones más profundas con los que te rodean.

En el camino, encontrarás personas en tu vida que no aprueben la forma en que estás cambiando y otras que celebren tu crecimiento. Uno de los aspectos más desafiantes del proceso de transformación es que no puedes controlar cómo te perciben los demás; algunos, por sus propias razones y debido a su condicionamiento pasado, pueden sentirse desconcertados por tus cambios o incluso resistirse a ellos. Esto puede ser especialmente cierto si estás experimentando con límites, nuevas modalidades de sanación, haciendo nuevos amigos y explorando nuevas visiones del mundo para ver cuál encaja mejor contigo.

A medida que creces, es importante que recuerdes que la amabilidad sigue siendo importante. La amabilidad hacia ti mismo y hacia los demás es un signo de gran madurez y desarrollo interior. Contrario al mito cultural muy extendido en el mundo del bienestar, el crecimiento personal no te hace egoísta; esa idea no solo está lejos de la verdad, sino que es contraproducente.

El crecimiento y el amor propio no tienen por qué hacer que tu ego sea más grande. En realidad, desarrollar más compasión por los demás es una señal de que tu amor propio es real. Después de pasar tiempo contigo mismo, de examinar tu mente, tus viejas heridas y tus condicionamientos pasados, empezarás a ver cómo funciona tu mente y cómo afecta a tu vida diaria. Para muchos, esta experiencia de comprenderse a uno mismo ayuda a ver que no eres el único que sufre; otros también están pasando por el mismo espectro de emociones.

El crecimiento y el amor propio te llevarán a que reorientes de forma natural tu atención en ti mismo, asegurando que establezcas los sistemas y hábitos adecuados que te ayudarán a avanzar. Aprender a tratarte con cuidado para funcionar a un nivel más pleno y feliz, toma tiempo, pero eso está muy lejos del egocentrismo. *Considerarte superior a los demás, tratarlos con dureza, desechar amistades de forma precipitada o etiquetar como tóxicas a personas que simplemente no resuenan contigo son actitudes incompatibles con un crecimiento transformador real.*

Una parte importante del crecimiento es darse cuenta de que nada va a ser siempre perfecto, ni siquiera en nuestras relaciones más cercanas. Las relaciones están destinadas a tener grados manejables de conflicto que, si se manejan de forma adecuada, pueden convertirse en puntos de entendimiento que los acerquen más. La resolución de conflictos es una parte esencial de cualquier relación o comunidad. Tener discusiones no significa necesariamente que la situación sea tóxica. Con el tiempo, huir de los conflictos reducirá tus posibilidades de desarrollar conexiones sanas y enriquecedoras. Por supuesto, esto no justifica un comportamiento abusivo que sea realmente dañino, y en estos casos es sin duda necesario crear distancia entre tú y esa persona.

Lo que debes buscar es el equilibrio.

Trátate bien y, al mismo tiempo, sé amable con los demás. Ayuda a otros siempre que puedas, pero ten cuidado de no agotarte ni quemarte. Da, pero asegúrate de tener suficiente para ti. Llevar las cosas al extremo, en un sentido u otro, creará tensión mental y conflicto.

La razón por la que el bienestar se ha vuelto tan relevante y se ha convertido en un movimiento tan grande es porque la gente quiere seriamente transformar su vida para mejor, pero debemos asegurarnos de no ir en la dirección contraria, en la que solo nos preocupamos por nosotros mismos y nos sentimos bien tratando a los demás con dureza. Si tu libertad crece, tu ego se reduce.

Habrá muchas ocasiones en que aun cuando intentes cuidar de ti y ser amable con los demás no siempre lo vas a conseguir. Tal vez los demás sigan viéndote de forma negativa porque no te comportas o no haces las cosas como ellos desearían. Esos son factores incontrolables que forman parte de la vida. Aun así, alcanzas una victoria interior cuando sientes compasión por ti mismo y por los demás. Se necesita alcanzar este estado mental para experimentar la verdadera paz interior.

Diez reflexiones que te ayudarán a tener éxito

1. **Date tiempo para imaginar tu propio futuro.** Permítete ver lo que viene después. No te pongas límites cuando pienses en el próximo capítulo de tu vida. Deja que tu mente llegue lejos y que tu vista se oriente hacia tus aspiraciones más profundas. Sobre todo, ¿cómo quieres que sea tu vida? Antes de actuar, permite que tu mente y tu corazón establezcan una dirección clara para ti.
2. **Las relaciones más cercanas de tu vida son un reflejo directo de tu relación con tus propias emociones.** Cuando eres capaz de aceptar y abrazar la agitación que puede surgir temporalmente en tu interior, fortaleces tu capacidad de poner atención y amor a alguien que te importa cuando está atravesando un momento complejo. Si notas que hay distancia entre alguien a quien amas y tú, pregúntate: "¿Hay alguna forma de acercarme más a mí mismo para poder profundizar mi conexión con ella?".
3. **Has vivido con tu mente el tiempo suficiente como para saber que las emociones intensas a veces nublan tu percepción.** Cuando tu mente atraviesa por una tormenta emocional, no podrás verte con claridad. Una tormenta lo suficientemente

grande hará que todo parezca oscuro y nublado. No permitas que un momento de temporal pesadez mental se convierta en un juego de culpas en el que empiezas a juzgarte con dureza.

4. **Si quieres crear más armonía con tus seres queridos, debes expandir tus canales de comunicación para que todos tengan claro cómo les gustaría que se apoyara su felicidad.** No permitas que lo que podría incrementar tu alegría sea un misterio para el otro. Hablar con tu pareja, así como con tus amigos y familiares, sobre cómo te gustaría que estén para ti ayudará a eliminar la confusión.
5. **La percepción es la memoria combinada con la evaluación.** Todo lo que encuentres en el momento presente se medirá en función de lo que más se parezca a tu pasado. Este proceso se desarrolla a una velocidad asombrosa, lo que dificulta formar una comprensión clara y nueva de lo que realmente está ocurriendo en el momento presente. Aunque este mecanismo mental tiene como objetivo la supervivencia, interpretar constantemente el presente a través del prisma del pasado puede impedirte prosperar de verdad. La única manera de reprogramar la mente es ralentizando el ritmo de forma deliberada. Reconocer que la mente tiende a precipitarse en sus juicios y elegir conscientemente dirigir tu energía hacia una interacción abierta con el presente te ayudará a percibir mejor lo que realmente tienes ante ti.
6. **Moverte a tu velocidad natural no solo es una de las mejores formas de rebelarte, sino que también es una de las formas más importantes de quererte a ti mismo**. La sociedad intentará empujarte a un ritmo de vida irracional, pero adoptar el ritmo de los demás solo te causará tensión. Una vida ajetreada no equivale automáticamente a una vida exitosa. Tomarte un momento para respirar y procesar lo que sientes es la forma más poderosa de avanzar con consciencia. Esos instantes de reconexión contigo mismo te permitirán actuar con mayor claridad y destreza. Cuando aprendes a fluir orgánicamente, sin forzar, descubrirás que la urgencia solo entorpecía tu capacidad para compartir tus dones únicos con el mundo.

7. **¿Has tenido últimamente tu felicidad en tus propias manos o la has puesto en manos de otros?** Aunque comprendes que los cimientos más sólidos de la felicidad se construyen en tu interior, es fácil caer en viejos patrones en los que entregabas tu poder personal. Los viejos patrones tardan tiempo en deshacerse. Centrarte repetidamente en el hecho de que tu percepción puede construir o destruir tu felicidad te permitirá habitar el momento presente con mayor gratitud y conciencia.
8. **Evalúa cuántas veces dices "sí".** ¿El hecho de decir "sí" con frecuencia aporta algo a tu vida y a tus objetivos, o solo te agota? ¿Cada "sí" te acerca a tu objetivo o te hace sentir más discordia? ¿Dices "sí" desde un lugar genuino o lo dices por miedo a decepcionar a los demás?
9. **Tu relación con el cambio es un claro barómetro del nivel de estrés que tiene tu mente.** Si aceptas el cambio, los altibajos de la vida te causarán menos tensión. Si tienes una relación conflictiva con el cambio, entonces tendrás dificultades cuando sientas repetidamente que gran parte de la vida está fuera de tu control. El tiempo y la vida solo fluyen hacia adelante en forma de un río en constante cambio. Si tu paz interior es importante para ti, entonces necesitas aprender a fluir con la corriente en lugar de luchar contra ella.
10. **Cuanto más intensa sea tu reacción, mayor será tu nivel de estrés y ansiedad**. Es cierto que los demás pueden crear desafíos en tu vida, pero tu mayor desafío está dentro de ti. La manera en que respondes a tus emociones determina directamente la calidad de tu vida. Si de verdad deseas recuperar tu poder y construir una paz interior duradera, dirige tu atención hacia tu interior y presta atención al movimiento de tu mente. Antes de poder transformar tus reacciones, debes primero reconocer cuánta tensión innecesaria te estás causando a ti mismo.

Una nota sobre creer en ti mismo

Muchas personas se cruzarán en tu camino y no serán capaces de ver tu visión. Esto puede hacerte dudar de ti mismo o reconsiderar si lo que estás haciendo vale la pena. Lo importante es que te des cuenta de que no todo es para todo el mundo. Las personas tienen gustos, necesidades y preferencias diferentes y, muchas veces, actúan desde el miedo. La única validación que en realidad necesitas para tu visión es la de tu propia intuición.

Si sientes que tu brújula interior te indica una dirección clara, confía y síguela. Tener objetivos diferentes a los de las personas que te rodean a veces puede hacerte sentir solo o sin apoyo, pero eso es lo que suele ocurrir al principio.

En cuanto los demás empiezan a ver resultados, que tu objetivo es alcanzable, es más probable que te apoyen. Esto les pasa a muchas personas que salen de su zona de confort y enfocan su energía en crear algo nuevo: debes tener el valor de recorrer el camino solo si es necesario y, con el tiempo, otros se unirán a ti.

Preguntas para reflexionar

- ¿Qué significa para ti prosperar?
- ¿Tienes hábitos que te impiden prosperar?
- ¿Qué te gustaría cambiar de tu rutina diaria?
- ¿Cómo es tu vida ideal?
- ¿Cuál es uno de tus mayores logros?

4

Donde tropezamos

El mayor desafío para la paz interior y el crecimiento interior es el apego. En este capítulo, y a lo largo de todo el libro, nos referiremos al apego según su concepción ancestral: el deseo de que algo o alguien exista de una manera determinada es una fuente de sufrimiento. Esta es una enseñanza central del Buda, y tiene ramificaciones que son increíblemente relevantes en nuestros tiempos modernos. El apego no solo pesa sobre la mente de un individuo, sino que, como exploraremos más adelante, puede ser un elemento corrosivo que puede deteriorar y potencialmente romper una relación.

El apego es una forma profunda de inflexibilidad. Es un deseo tan profundo en la mente que crea tensión. Mientras sueñas con lo que deseas y tratas de conservar lo que ya has conseguido, la mente crea una atmósfera tensa que de forma directa impide que surja la paz. El apego también tiene una perspectiva muy limitada, que lucha por ver cualquier cosa que no sea su propio deseo.

La mente se inclina hacia el deseo de control; desde el punto de vista evolutivo, esto tiene sentido debido al impulso interno de supervivencia. No solo nuestra programación humana profunda se orienta hacia el modo de supervivencia, sino que nuestra infancia y nuestras experiencias de vida suelen reforzar esa programación a lo largo de nuestra vida, a medida que experimentamos diferentes grados de dolor y trauma. La vida no es fácil, y en el proceso de sobrevivir, nos vamos endureciendo. No solo nuestros corazones se vuelven menos abiertos, porque tememos que nadie sea capaz de aceptar nuestra vulnerabilidad, sino que nuestras mentes se centran más en ampliar aquello que podemos controlar.

Si la vida es dura, ¿no deberíamos empeñarnos en controlar todo lo posible para mantenernos a salvo? Parece la dirección lógica que deberíamos tomar, pero intentar controlar las cosas se vuelve en contra enseguida, porque hay demasiados factores involucrados en cada situación. Es imposible controlar la gran cantidad de posibilidades y variables que intervienen en la creación de cada momento y cada individuo. Buscar el control es como caer en el clásico espejismo del agua en el desierto. El control es una ilusión en la que nos engañamos a nosotros mismos. *Como han comprendido una y otra vez las personas sabias a través de la autobservación, lo único que puedes controlar son tus propias acciones.*

Esforzarse por controlar mantiene tu atención en el exterior, buscando siempre un factor externo sobre el que puedas influir y que te aporte paz, en lugar de dirigir tu atención hacia tu interior y encontrar la paz dentro de ti mismo. A veces, las personas pasan toda su vida buscando en el exterior cuando la respuesta está en su interior. La búsqueda incesante del control mantiene la mente en tensión y orientada hacia la ansiedad.

El afán por controlar es provocado por el apego, pero hay un malentendido subyacente que da poder a este patrón. Se nos olvida que vivimos en el río de la impermanencia. Incluso cuando decimos que entendemos esta verdad, nos seguimos esforzando por crear un refugio permanente sostenido por nuestros deseos precisos dentro de este río de impermanencia. Este deseo de que las cosas existan de la forma que deseamos surge de nuestra incapacidad para aceptar plenamente el cambio. La impermanencia es omnipresente en todos los niveles de la existencia, y por mucho que nos opongamos, el río del cambio siempre seguirá fluyendo, erosionando en última instancia todo lo que hemos creado. En esencia, todo lo que existe acabará desapareciendo; las cosas, las situaciones y las personas solo pueden existir durante un tiempo limitado. Tratar de luchar contra esta verdad es causa de gran sufrimiento.

Un día, Ajahn Chah levantó una hermosa taza de té china. "Para mí, esta taza ya está rota. Como conozco su destino, puedo disfrutarla plenamente aquí y ahora. Y cuando ya no esté, ya no estará". Cuando comprendemos la verdad de la incertidumbre y nos relajamos, nos liberamos.

–*Jack Kornfield,* El corazón sabio

Lo opuesto al control es enseñarnos a vivir en armonía con este flujo y a aceptar la cualidad dinámica de la realidad. Si no podemos detener el cambio, más nos vale hacernos sus amigos y aprender a movernos con él. Probablemente, esta sea una de las ideas más difíciles de integrar en tu vida. Aceptar el cambio requiere práctica. Los viejos hábitos mentales lucharán contra el cambio porque le temen, pero el único camino hacia la verdadera felicidad requiere que aceptes la verdad de la impermanencia.

Es lógico temerle al cambio, porque este puede quitarnos las cosas que nos gustan, pero muchas veces no nos damos cuenta de que el cambio es una gran fuente de oportunidades. La vida misma es posible porque nuestro universo se basa en el movimiento. Si todo fuera estático, nada existiría. Gracias a que las cosas se mueven, existimos, aprendemos y crecemos. El cambio puede crear dificultades, pero también puede crear belleza y todos los aspectos maravillosos de la vida que apreciamos profundamente.

Enseñarnos a fluir con el cambio no significa que dejemos de tomar decisiones y nos convirtamos en actores pasivos de la vida. Fluir con el cambio precisa una profunda comprensión del equilibrio. El objetivo es aceptar el hecho de que no puedes controlar todo mientras avanzas intencionadamente por la vida. Utilizas el poder de tus acciones para trabajar con paciencia y constancia para alcanzar tus objetivos y construir una buena vida para ti, sabiendo al mismo tiempo que no todo está bajo tu control. Lo ideal es que utilices tus acciones para construir, y cuando sople el viento, no te sientas sacudido ni alterado, sino que valores lo que has perdido y continúes construyendo en la dirección de una vida aún mejor de lo que habías imaginado con anterioridad. El objetivo es ser consciente de que habrá contratiempos y hacer todo lo posible por afrontarlos con tolerancia y aceptación. Fluir con el cambio requiere la antítesis del apego, que es soltar.

Seguir la corriente no significa
sentarse a esperar pasivamente
que todo salga bien.

Seguir la corriente significa que no
te estreses luchando contra los cambios
que escapan a tu control.

Aferrarse al pasado

Otro obstáculo que se interpone en el crecimiento interior es aferrarse al pasado. A la mente le cuesta dejarlo ir y seguirá arrastrando el pasado al presente. El pasado puede manifestarse en forma de identidades solidificadas a las que nos aferramos porque estamos acostumbrados a vernos de esa manera. También puede manifestarse en forma de desencadenantes que hacen resurgir emociones y recuerdos dolorosos, o en las relaciones, en forma de viejos rencores que resurgen aunque nuestra pareja sea hoy una persona diferente. Esta es una de las principales razones por las que la sanación es un elemento tan importante para una vida plena. La sanación se hace bien si te enseña a dejar ir. Aferrarte a tu propio pasado mantendrá tu mente pesada y nublada.

Uno de los obstáculos más difíciles de la vida es la ignorancia sobre el funcionamiento interno de nuestra propia mente. Al principio, las reacciones impulsivas pueden sentirse como genuinas y justas, pero cuando empiezas a mirar hacia dentro, queda claro que las reacciones impulsivas a menudo tienen muy poco que ver con lo que está sucediendo en el momento presente. Las reacciones impulsivas son puentes que conectan lo que percibes en el presente con un sentimiento del pasado. La forma en la que reaccionamos y la intensidad con la que esa reacción se manifiesta a través de nuestros pensamientos, palabras y acciones revela cuán profundamente el pasado sigue controlando nuestra mente.

La dura verdad:

Los límites por sí solos no bastan
para alcanzar una paz interior profunda.

Es también necesario darte cuenta
de cómo tus propias reacciones te estresan.

Antes de poder cambiar tu percepción,
primero debes ser sincero contigo mismo
sobre cómo te están afectando.

Cada reacción a lo que sientes deja una huella en la mente, una huella que con el tiempo se convierte en un patrón que se endurece y hace que tus acciones sean rígidas. Aquí lo importante es que la mente reacciona constantemente a las sensaciones del cuerpo. Cuando la mente está llena de pensamientos ansiosos o revive recuerdos difíciles, todas las emociones que sientes, aunque las experimentes con bastante intensidad a nivel mental, tienen su origen y su base en las sensaciones del cuerpo. Cuando sientes enojo, hay una sensación en el cuerpo. Cuando sientes ansiedad, también hay una clara sensación en el cuerpo. La pasión, el miedo, los celos, todas estas emociones densas aparecen como sensaciones en el cuerpo.

Las sensaciones en el cuerpo son el vínculo entre lo que la mente está experimentando y la forma en cómo reaccionamos. En realidad, no estamos reaccionando a nuestros pensamientos, sino a cómo nos sentimos. Este fue uno de los grandes descubrimientos del Buda. El *Anguttara Nikaya*, una de las muchas colecciones que contienen las enseñanzas del Buda, afirma: "Todo lo que surge en la mente va acompañado de una sensación".

Esto puede no ser obvio al principio, pero se vuelve claro cuando cultivamos una mente aguda y perceptiva: mediante la observación directa, reconocemos que los patrones que definen nuestro comportamiento comienzan con la manera en que respondemos a lo que sentimos.

La forma en que hemos reaccionado en el pasado moldea directamente nuestra percepción de la realidad. La mente toma instantáneamente lo que percibe y lo compara con experiencias anteriores. Esta percepción no solo se ajusta a lo que vivimos en el momento, sino que además lo evalúa como positivo o negativo, generando así aversión o anhelo.

La mente tiende naturalmente al juicio y a la percepción distorsionada. Le cuesta ver el presente tal y como es, porque filtra la realidad a través del pasado, que está muy condicionado; esto genera grandes dificultades en la vida diaria. El hecho de tener una parte de la atención aquí y otra parte atrapada en el pasado es una importante fuente de tensión interior. La cruda realidad es que esta es una lucha universal: si tienes una mente, gran parte de ella estará aferrada al pasado. Es cierto que el pasado es útil, porque es formativo; nos ayuda a dar sentido al mundo, a evitar errores anteriores y a tomar mejores decisiones. Pero cuando estamos profundamente apegados al pasado, ya sea por ansiar algo en particular o por rechazar algo asociado al trauma, permanecer genuinamente en el presente se convierte en una batalla enorme. Esta es sin duda una de las dificultades y obstáculos más comunes en la experiencia humana.

Por fortuna, la sanación es posible; cada vez hay más formas accesibles de aliviar los traumas del pasado y el dolor, y cada vez hay más métodos para reestructurar la mente de manera que favorezcan la claridad mental y una buena vida.

Antes de empezar a meditar, batallaba mucho con esto. Mi mente apenas podía permanecer en el momento presente. Constantemente juzgaba, reaccionaba y saltaba entre el deseo y la aversión. Todo lo que presenciaba se filtraba enseguida a través de mi denso pasado. Cada vez que me sentía amenazado, mis reacciones eran estridentes y excesivamente defensivas. Esto generaba una gran tensión en mi relación con Sara, porque mi pasado se empeñaba continuamente en obstruir la existencia de un presente tranquilo. Cuando hablábamos, apenas podía escuchar y estaba demasiado centrado en mis propios argumentos.

Cada vez que nuestras conversaciones se ponían serias, sentía una oleada de ansiedad en mi cuerpo y mis pensamientos se tornaban negativos y defensivos. El miedo se apoderaba de mi perspectiva y hacía todo lo posible por evitar responsabilidades. Aunque solo estábamos hablando, sentía como si estuviera en peligro real. Esto hacía que nuestras conversaciones apenas pudieran ir más allá de lo superficial, si es que lo hacían. Durante los primeros años de nuestra relación, sentía que estábamos estancados en el principio, sintiendo alegría y comodidad en la presencia del otro, pero sin la conexión emocional más profunda que se alcanza cuando nos mostramos vulnerables con nuestra pareja. En ese momento no sabía que para ser vulnerable hay que tener la fuerza necesaria para superar el nerviosismo del modo de supervivencia y la actitud defensiva.

La meditación cambió esto para mí porque se centraba de forma directa en el entrenamiento mental y en dejar ir. Me enseñó a hacerme amigo del momento presente y a hacer todo lo posible por observarlo de forma objetiva. Gran parte de esto consistía sencillamente en volver a llevar mi atención a lo que es, en lugar de dejar que mi percepción proyectara el pasado sobre cualquier cosa con la que me encontrara. Llevar repetidamente mi atención a otro punto cultivó poco a poco mis débiles músculos mentales. A medida que practicaba cómo poner atención al momento presente, aprendí a escuchar a Sara de una manera más desinteresada. Cuando surgían conversaciones difíciles, aún sentía el impulso de huir o ponerme a la defensiva, pero ahora tenía el entrenamiento necesario para volver a centrar mi atención en la conversación y hacer todo lo posible por observar lo que estaba sucediendo sin proyectar mis viejos juicios sobre la situación. Cultivar la conciencia del momento presente me abrió la puerta a una conexión más profunda conmigo mismo y con ella. *Saber escuchar requiere mucha fuerza, sobre todo cuando se escucha para comprender en lugar de para responder.*

El otro gran beneficio de la meditación fue que, durante toda mi vida, mi mente se sentía pesada. Mis reacciones eran tan rápidas que apenas podía controlarlas. El patrón defensivo y de supervivencia, que solía manifestarse como tristeza, ansiedad y huida de cualquier cosa que se volviera demasiado difícil emocionalmente, se sentía como algo que se había solidificado como el cemento. En ese momento, mi mente se sentía increíblemente rígida e inmóvil. Así que cuando comencé a meditar, me sorprendió que mi mente se sintiera un poco más ligera; hubo una apertura súbita que se fue expandiendo. Pude ver esta transformación sobre todo con el paso del tiempo, a medida que seguía asistiendo a retiros de silencio de diez días; hacía tres o cuatro al año. Sentía una gran diferencia en mi propia mente y pronto empecé a ver que la calidad de mi relación con Sara mejoraba. No solo empecé a quererla más, sino que, cuando surgían conversaciones difíciles, mi mente comenzaba a sentir que tenía más posibilidades que limitarse a reaccionar con negatividad, actitud defensiva o argumentos contrarios que solo echaban más leña al fuego de la discusión. Al principio, fue una experiencia muy impactante, porque estaba muy familiarizado con el antiguo curso de los acontecimientos: surgía un tema difícil, yo hacía todo lo posible por evitar la culpa, me defendía, me defendía y me defendía, y esperaba que la discusión terminara sin que nos separáramos.

La gran diferencia se produjo cuando surgió el tema difícil y pude sentir cómo se activaba mi actitud defensiva, pero ya no era mi única opción. En lugar de eso, era solo una de las muchas posibilidades que tenía ante mí. Sentí que mi mente era capaz de procesar algo más que una reacción impulsiva, que podía ver que había otras acciones más productivas, genuinas y armoniosas que podía llevar a cabo. Acciones como admitir mis propios errores en una determinada situación, asumir mi parte de responsabilidad, pedir perdón, intentar comprender de verdad su punto de vista o cuál era la raíz de mi tensión mental, y tratar de encontrar una solución que nos satisfaciera a ambos. No fue una victoria de la noche a la mañana y, de ninguna manera, hemos conseguido elevar la discusión y el manejo de los conflictos a una forma de arte perfecta, pero sin duda ya no es como era antes para nosotros. Lo mejor fue que nos lanzamos juntos a la aventura de la meditación, por lo que los dos pudimos sentir esta nueva amplitud mental y una novedosa sensación de elección que nos llevó a un espacio compartido de armonía.

Me gusta pensar en la sanación que se produjo a través de la meditación como un aligeramiento de la carga. Mi mente estaba abrumada por el pasado, y eso condicionaba mi comportamiento, pero la meditación me ayudó a suavizar esos patrones de reacción con el tiempo. La reacción es un músculo, al igual que la paz. Cuanto más practicaba la conciencia del momento presente y la objetividad de forma intencionada, más se debilitaba esa pesada carga de reacción. El valor de hacer una pausa para poder responder en lugar de reaccionar se está convirtiendo en una noción cada vez más popular, pero lo que se suele omitir es que esto requiere entrenamiento. Es difícil hacerlo así, como lo sería correr un maratón sin ningún entrenamiento. Hay que intentarlo de forma intencionada una y otra vez, reforzando literalmente un nuevo conjunto de comportamientos positivos en la mente hasta que acaben convirtiéndose en algo natural. Al principio puede resultar torpe e incluso un poco falso, pero hay que acordarse de que la reacción impulsiva no es más que un eco del pasado y que la forma de reaccionar no es el verdadero yo.

Una representación más genuina es lo que eliges de forma intencionada como acción después de que el deseo haya desaparecido. Si te mantienes comprometido con desarrollar una nueva versión de ti mismo, al final llegará un momento de triunfo en el que te darás cuenta de que has sido capaz de tomar una buena decisión por ti mismo, una decisión que te hace sentir productivo y en sintonía contigo mismo, en lugar de sentirte como un robot y orientado hacia el pasado.

Una vez más, no tiene nada de malo estar en contacto con tu pasado y dejar que te oriente, pero eso no significa que debas vivir tu pasado una y otra vez reaccionando igual que antes. Si quieres vivir una vida nueva y mejor, conserva la información del pasado, pero deja atrás las reacciones negativas que solías tener. Cuando por fin empiezas a dejar ir, se abre un mundo de posibilidades. Solo a través de la sanación y de soltar puedes elegir comportamientos que te lleven a una vida más vibrante.

Yo sané profundamente gracias a la meditación, y eso se convirtió en el catalizador de una relación más profunda y estimulante con Sara. Pero las personas se sanan de maneras distintas, y lo importante es aceptar el hecho de que cualquiera puede beneficiarse de cierto grado de sanación y desarrollo personal. Nadie lo tiene todo resuelto, y todos tenemos cualidades que podemos mejorar para ayudarnos a progresar como individuos y en las relaciones interpersonales. Al igual que en un jardín, hay que limpiar la tierra, plantar las semillas y regarlas con paciencia, a la vez que nos aseguramos de quitar las malas hierbas de vez en cuando. Cuando practicas nuevas respuestas a situaciones difíciles, eliminas las malas hierbas de las reacciones pasadas y alivias la carga de tu mente. Tus intenciones de evolucionar son como semillas, y deben ser nutridas por tus continuos esfuerzos por amarte y cuidarte bien a través de la sanación y el desarrollo personal.

Aunque Sara y yo experimentamos una profunda sanación gracias a la meditación y fortalecimos cualidades útiles que hacen la vida más vibrante, aún nos quedaba mucho por aprender sobre el amor. Estábamos construyendo los cimientos de la paz dentro de nosotros mismos, pero aún no sabíamos cómo amarnos bien el uno al otro. Comenzamos por brindarnos paciencia mutuamente y nuestra nueva capacidad de escuchar, pero nos dimos cuenta de que necesitábamos una cultura de amor del todo nueva entre nosotros. Necesitábamos desarrollar nuestra propia práctica del amor.

Once verdades que no deben ignorarse

1. **Si quieres conectar con la sabiduría y la belleza del momento, necesitas moverte lentamente.** Las prisas harán que te pierdas de muchas cosas y, en realidad, solo son un reflejo de tu agitación interior.
2. **La ley de causa y efecto es predominante en la naturaleza.** Si quieres una buena vida, concéntrate en hacer buenas acciones de la forma más desinteresada posible. Las personas a las que ayudas, las cosas que das, la amabilidad que expresas, todo ello son semillas que darán buenos frutos en el futuro.
3. **Tú conoces tu corazón mejor que nadie.** Esto significa que debes actuar según lo que sabes. Exprésate, pide ayuda cuando la necesites, no sientas que tienes que avanzar al mismo ritmo o en la misma dirección que los demás.
4. **Dedicar demasiado tiempo a las demandas de los demás te impedirá dedicar tiempo a lo que es bueno y enriquecedor para ti.** Traicionarte a ti mismo no es virtuoso. Decir siempre que sí para complacer a los demás te llevará al agotamiento. Di "no" con frecuencia si quieres crear un espacio claro en tu vida para lo que más te importa.
5. **Tu energía deja una huella en el lugar en el que te encuentras y en las personas con las que estás.** Los lugares donde Buda y sus discípulos meditaban hace dos mil seiscientos años siguen siendo sorprendentemente vibrantes y poderosos. Tu

energía no se queda solo contigo, se expande hacia el exterior e invita a otros a sentir lo mismo.

6. **No es posible evitar todos los conflictos y discusiones.** Los conflictos interpersonales se producen porque existen los egos. Abordar los conflictos con altruismo y con el objetivo de comprender ayuda a que la armonía vuelva a aparecer más fácilmente.
7. **La verdadera sanación es posible, pero también lo es la verdadera libertad.** El sufrimiento no es eterno. Con las prácticas adecuadas, puedes reducir de forma lenta pero segura la tensión que existe en tu mente. Incluso puedes llegar a extinguir por completo el sufrimiento personal, pero esto requiere un trabajo comprometido.
8. **No hace falta ser perfecto para hacer grandes progresos.** Si reaccionas con menos intensidad que antes, si tu mente se siente más ligera, si tomas mejores decisiones, entonces vas por buen camino. Cometerás errores, sufrirás reveses, es algo normal y natural.
9. **Todo requiere equilibrio.** Irse a los extremos crea fricciones innecesarias. Combina la audacia con la gentileza. Haz que lo que das sea proporcional a lo que recibes. Haz que tu esfuerzo sea proporcional a tu relajación. Si miras con calma, podrás encontrar un término medio en la mayoría de las situaciones.
10. **Es muy fácil dar por sentadas las cosas que te rodean a diario (tu familia, la comida, los pequeños placeres), pero una vez que desaparecen, te das cuenta de lo mucho que dependías de ellas y de que simplemente contabas con que estuvieran ahí.** Esfuérzate por mirar a tu alrededor con ojos nuevos para ver la abundancia que hay delante de ti. Un cambio importante en la actitud y la perspectiva puede ser tan sencillo como sentir gratitud.
11. **Sé consciente de la historia que estás escribiendo en tu mente.** ¿Es real o está impulsada por emociones turbulentas temporales y viejas heridas? El ego ama la tensión y la sabiduría ama la paz.

Preguntas para reflexionar

- ¿Cómo dificulta el apego la vida?
- ¿Cuál es tu relación con el cambio?
- ¿En qué estás trabajando para dejar ir?
- ¿Cómo han cambiado tus preferencias con respecto a hace cinco años?
- ¿Estás viviendo la vida con prisas? ¿Cómo puedes ralentizar el ritmo y estar más presente?

5

Qué es el amor y qué no es

Aunque muchas veces pensamos en el amor en términos de los sentimientos íntimos entre dos personas que mantienen una relación, también existe el amor que sentimos por nuestra familia y amigos, el amor que sentimos por las ideas y las experiencias, y el amor que sentimos por nosotros mismos. En todos los casos, el amor es algo precioso, fundamental, y tiene una cualidad cohesionadora que proporciona una sensación de unidad y armonía tanto en las personas como en los vínculos que establecen con los demás y con el mundo. Para entenderlo mejor, vamos a ver más de cerca cada una de las principales aplicaciones del amor.

El amor interior

El amor que existe dentro de ti determina la salud de la relación que tienes contigo mismo. El grado en que comprendemos la profundidad de nuestra historia emocional, el poder que tenemos para no huir de nuestras emociones más densas, el valor que tenemos para aceptar todo lo que encontramos cuando dirigimos nuestra atención hacia nuestro interior y la determinación que tenemos para evolucionar hacia versiones mejores de nosotros mismos son indicadores de la cantidad de amor propio que albergamos en nuestro interior.

El amor propio, es decir, la energía que utilizas para cuidarte, sanarte y liberarte, es un pilar fundamental que te ayuda a tener una mente tranquila y un corazón abierto, listo para conectar con los demás.

La aplicación del amor propio tiene tres componentes:

1. **Honestidad radical contigo mismo.** Se trata de un proceso continuo en el que te cercioras de que ya no hay más mentiras entre tú y tú mismo. Te examinas con regularidad para confirmar que no hay partes de tu historia emocional que estés escondiendo y que avanzas en tu vida diaria sin engañarte de forma intencionada. Aceptas la verdad porque sabes que te ayudará a evolucionar, aunque al principio sea difícil de enfrentar.
2. **Crear hábitos positivos.** Se trata de un proceso profundo basado en la honestidad radical y la autoaceptación, en el que eres sincero contigo mismo sobre los hábitos perniciosos que debes dejar de fomentar y dedicas tu energía a cultivar las características y los patrones saludables que te permitirán llevar una vida plena. Aquí es donde tu amor propio realmente brilla: realizas un trabajo intenso y constante que te ayuda a ascender al siguiente nivel. Recuerda no hacer todo a la vez; consolidar unos pocos hábitos positivos antes de añadir más puede hacer que el viaje sea más sostenible.
3. **Autoaceptación.** El amor propio no se trata solo de la transformación personal, sino también de aceptar a fondo quién eres en este momento y dónde te encuentras en tu viaje. La autoaceptación te ayuda a estar en paz con tu historia emocional para que puedas hacer frente a tu pasado, comprender las dificultades y sentirte motivado para aprender de ellas, de modo que el trauma no tenga que ser repetido ni transmitido. La aceptación también te ayuda a apreciar tu imperfección innata para que no seas severo contigo mismo cuando, inevitablemente, cometas errores.

Buena parte de las dificultades que enfrentamos se pueden atribuir a la falta de amor propio. El amor propio incide en cómo vemos nuestro valor y en cuán valiosos nos sentimos, y en cuán profundamente somos capaces de conectarnos con nosotros mismos y con otras personas; literalmente, todas las facetas de la vida se ven impactadas por nuestro amor propio, porque sin él estamos en desequilibrio.

El amor propio crea la armonía interior necesaria para alcanzar nuestro pleno potencial.

El amor propio no es solo un conjunto de acciones prácticas, sino también una medida indiscutible que puede ayudar a evaluar la intensidad de tus relaciones actuales y futuras. El amor propio hace posible tener una vida maravillosa.

Las personas que duplican su
bondad, incluso cuando la vida
ha sido dura, brindan una
magia especial al mundo.

Un pasado difícil les ha enseñado
a ser cautelosos y precavidos
sin cerrar del todo su corazón.

Tratan a las personas con amabilidad
porque saben que muchas
luchan en silencio.

El amor de la familia y la amistad

De forma similar, muchas veces el amor es una forma de describir nuestra conexión con nuestros padres, nuestra familia y algunos de nuestros amigos más cercanos. Hay poder y cuidado en estos vínculos que forman la red de tu vida.

Cuando hablamos de las personas y los seres que nos importan, el amor es un sentimiento poderoso que nos llena de calidez, alegría y cariño.

Estas conexiones esenciales que constituyen nuestros círculos más cercanos no solo son profundamente enriquecedoras, sino que están integradas por las personas que nos ayudan a configurar nuestro lugar en el mundo. Los seres humanos somos comunitarios por naturaleza, no solo crecemos juntos, sino que nos comprendemos a nosotros mismos en relación con otras personas. No somos solo individuos, sino también hijos, hermanos, padres, amigos, etcétera. Las personas que amamos ayudan a formar nuestra identidad y la forma en que nos vemos a nosotros mismos en la vida de cada día. Somos seres relacionales, hemos evolucionado para existir en grupos porque dependemos unos de otros no solo para cubrir nuestras necesidades físicas, sino también para establecer conexiones emocionales. Está muy estudiado cómo la soledad afecta de forma negativa a la salud física y lo importantes que son estas conexiones profundas para nuestro bienestar. Ser visto y escuchado profundamente por otro ser es una experiencia importante y validante.

No es extraño que, con el tiempo, surjan dificultades y tensiones dentro de las familias y las amistades, al igual que puede ocurrir en las relaciones de pareja. Una de las principales fuentes de tensión dentro de las familias se produce cuando los padres tienen expectativas muy estrictas y definidas para sus hijos que estos no pueden o no quieren cumplir. Queremos que quienes nos rodean sean felices, pero a veces somos demasiado exigentes con respecto a cómo queremos que sea esa felicidad. Nuestros propios traumas a menudo nos llevan a querer controlar a los demás. Nos cuesta amar a los demás tal y como son, en lugar de como queremos que sean, y podemos negarles nuestro amor y nuestra aprobación si no cumplen nuestras expectativas. Este tipo de amor es condicional, en lugar de incondicional. Considero que debemos vivir nuestras vidas ante todo para nosotros mismos y seguir el camino que nos parezca correcto, al mismo tiempo que hacemos todo lo posible por manejar con habilidad y delicadeza estas relaciones esenciales en nuestras vidas.

Otro problema común es cuando las personas sienten que sus padres no estuvieron presentes de la manera en que necesitaban para sentirse amadas y apoyadas durante su crecimiento. No podemos cambiar el pasado, pero como adultos podemos intentar descubrir los recursos y las comunidades que necesitamos para llenar esos vacíos, y podemos trabajar para cultivar la compasión hacia nuestros padres, que son seres imperfectos. Muchos padres no quisieron hacer daño a sus hijos a propósito; a veces los recursos eran limitados o estaban haciendo todo lo posible o lo que creían correcto, igual que nosotros.

La vida tiene inevitables altibajos, que vienen acompañados de dificultades, pero por suerte contamos con personas en nuestras vidas en las que podemos apoyarnos en los momentos convulsos. Estas personas no solo nos ayudan, sino que también están a nuestro lado y nos apoyan cuando atravesamos momentos de dificultad. Estos lazos con amigos y familiares crean situaciones en las que se puede manifestar la forma más pura de amor: el dar desinteresadamente. Algunos hemos sufrido traumas importantes por parte de miembros de nuestra familia, pero cuando se trata de nuestra familia elegida, es decir, nuestros amigos más queridos, cuando estas personas experimentan dificultades, estamos ahí para ellas y les ofrecemos nuestro apoyo desinteresado. Lo bonito es que estas relaciones se basan en un amor recíproco: estás ahí para ellos porque los amas, pero ellos también están ahí, listos para apoyarte cuando tú lo necesitas. La alegría que experimentamos se multiplica con creces cuando la compartimos con nuestros seres queridos, y las dificultades se alivian cuando se reparten entre nuestra red de apoyo.

El amor de la sabiduría

El amor también puede comprenderse como fruto de la sabiduría. Es posible elevar tu amor a un nivel supremo en el que te veas a ti mismo y a todos los seres a través de los ojos de la compasión. Poder ver a las personas y al mundo a través del prisma del amor es un estado mental elevado que requiere un cultivo intencionado. Poderte librar del odio y de la división implica un largo camino para que tu mente pueda pensar en todos los seres, incluso en aquellos difíciles que te han lastimado, de una manera compasiva, pero es posible lograrlo. Honestamente, esa es la cúspide del desarrollo personal y el destino último de este viaje. Tener compasión por todos los seres no significa que se justifiquen las acciones dañinas. Una de las partes más hermosas de la sanación de la mente y el corazón es que, a medida que sanas, tu amor y tu paz crecen en igual medida; cada paso da bellos resultados que afectan positivamente a tu vida aquí y ahora. Y cuanto más avanzas, más ganas.

El amor es el dominio principal de una mente que se ha liberado del sufrimiento. Es el hogar de los sabios que han sido testigos de la verdad última. En este sentido, el amor y la libertad son sinónimos. Esta cumbre del amor solo es posible cuando la mente se ha elevado por encima de los apegos del ego y finalmente ha comprendido que la verdadera paz se encuentra en el desapego.

El amor como herramienta para expresar lo que es importante

En un sentido más simple, la palabra *amor* se utiliza con frecuencia para describir las cosas y actividades que nos importan de verdad. De este modo, cuando hablamos de ellas, no hay confusión alguna sobre el hecho de que se trata de algo que realmente significa mucho para nosotros. A menudo utilizamos la palabra *amor* para describir actividades que son fundamentales para la identidad que hemos formado. O para describir aspectos de la cultura, como películas o música, que nos han conmovido profundamente o nos han ayudado a comprender partes de nuestra propia historia.

En este sentido, *amor* se utiliza como una palabra que aglutina todas las cosas que consideramos especiales; reúne todo lo que nos ayuda a reforzar nuestra identidad para que, cuando nos relacionemos con otra persona, esta tenga una idea clara de quiénes somos y qué nos importa. Lo que amas te define y ayuda a los demás a vislumbrar quién eres de verdad.

El amor de pareja

La imagen que nos viene a la mente a la mayoría de nosotros antes que cualquier otra forma de amor es la del amor de pareja. Se manifiesta en la forma en que desean estar juntos, en cómo construyen una nueva vida como pareja, en cómo se cuidan el uno al otro y en cómo se ven a sí mismos como un equipo que hace frente a la vida y a todos sus contratiempos. Es una conexión elevada que, en ocasiones, puede durar toda la vida. Y aunque no dure toda la vida, es innegablemente poderosa. Es un vínculo que es a la vez íntimo, enriquecedor y desafiante.

Nuestras vidas están definidas por las relaciones y los vínculos románticos que acaban siendo algunas de las piezas más valiosas y memorables de nuestro tejido vital. Invertimos mucha energía y atención en ellas y, muchas veces, nos llevan a crear nuevas familias, nuevos recuerdos y nuevos amores. Ser mirados y amados por otra persona es algo profundamente sanador. Nos nutre de una manera que ninguna otra conexión consigue. Y así, a pesar de los riesgos y la vulnerabilidad que requiere, nos lanzamos y esperamos lo mejor, sabiendo que podemos dar lo mejor de nosotros mismos, pero que no todo está bajo nuestro control.

Lo que no es el amor

El más grande enemigo del amor es el apego. ¿Por qué? Porque trata de disfrazarse de amor. Una conexión bien cultivada entre dos individuos puede generar un sentimiento enriquecedor de cercanía, mientras que el temor a la pérdida o el deseo de control crean un tipo de apego que intenta aferrarse a la otra persona con tensión. La cercanía puede fomentar una relación, mientras que el apego puede sofocarla y despojarla de amor.

Una relación conflictiva con la naturaleza, que no se ajuste a su ley fundamental del cambio, no solo generará un conflicto interno, sino que también alejará a las personas. El apego es en esencia una negativa a aceptar el cambio; es un intento de mantener las cosas igual o bajo control. El apego se manifestará a menudo como un intento de control. En una relación, esta búsqueda de control puede derivar en comportamientos nocivos como la manipulación, el egoísmo y la negativa a evolucionar o a permitir que los demás evolucionen.

En la famosa obra de Kahlil Gibran "Sobre el matrimonio", escribió:

> Pero dejen que haya espacios en su unión.
> Ámense el uno al otro, pero no hagan del amor una atadura:
> que sea más bien un mar móvil entre las orillas de sus almas.
> Llenen la copa del otro, pero no beban de la misma copa.
> Compartan su pan, pero no coman del mismo trozo.
> Canten y bailen juntos y sean alegres, pero que cada uno de ustedes esté solo:
> como están solas las cuerdas del laúd, aunque vibren con la misma música.
> Y estén juntos, pero no demasiado juntos:
> porque las columnas del templo se levantan separadas,
> y el roble y el ciprés no crecen en la sombra el uno del otro.

El apego es la raíz de los comportamientos que llevan a la fractura de las relaciones. El amor debe basarse en la libertad. El apego es una fuerza opuesta a la libertad; intenta mantener las cosas igual, mientras que la libertad entiende que el cambio es en última instancia bueno.

El apego creará imágenes en tu mente de lo que más anhelas y dirigirá tu energía hacia la construcción y el mantenimiento de esas imágenes en el mundo exterior. Esto suele manifestarse en forma de tomar la imagen de la persona que te atrae y dejar que esa imagen se transforme y se expanda en tu mente. Podemos acabar "enamorándonos" de la idea que tenemos de alguien y, cada vez que la realidad de esa persona se aparte de la imagen que tenemos de ella en nuestra mente, tememos la disonancia y luchamos contra ella.

El apego les pedirá a nuestros seres queridos que sigan siendo los mismos, pero esto es imposible cuando el río de la existencia fluye constantemente hacia adelante. Los seres humanos cambian, sean conscientes de ello o no. Quienes buscamos una vida mejor aceptaremos de manera intencionada el cambio y lo utilizaremos en nuestro beneficio para poder evolucionar de manera que produzca estabilidad, alegría y satisfacción. Hasta aquellos que no buscan de manera activa el cambio transformarán poco a poco sus preferencias, patrones de pensamiento e intereses con el paso del tiempo.

El apego hará que te dé miedo que tu pareja cambie, porque la persona de la que te enamoraste se transformará poco a poco en alguien nuevo. Puede que incluso temas que, al cambiar, ya no le interese continuar la relación contigo.

Pedirle a una persona que se quede quieta, que no crezca, que permanezca como la imagen a la que te aferras en tu mente es injusto para ella, poco realista y es una petición alejada del amor.

La manipulación surge de un profundo deseo de control, que en última instancia proviene del apego. En la raíz de la manipulación se encuentran la inseguridad y el miedo.

El egoísmo es la antítesis del amor. En sus niveles más altos, sobre todo cuando la mente tiene mucha sabiduría cultivada, una persona tendrá una gran capacidad para dar. Dar es una de las formas supremas de demostrar amor. Ser egocéntrico o ególatra puede paralizar el amor, porque el amor solo es verdadero cuando nutre a ambas personas. Si la relación se centra en satisfacer únicamente las necesidades y deseos de una persona, la otra se sentirá oprimida y herida.

Uno de los principales equívocos sobre el amor es pensar que las partes dramáticas de una relación son el amor en sí mismo. El drama puede sentirse excitante y estimulante, pero está mucho más cerca del entretenimiento y el conflicto que del amor. Pensamos así porque no vemos de qué manera los apegos, la forma en que anhelamos que las cosas existan y nuestros intentos por controlar y moldear la realidad, impactan e incluso debilitan el amor que sentimos el uno por el otro. El apego es lo que causa daño, dolor, discordia y las emociones y estados mentales difíciles que provocan tensión en nuestras vidas. El amor en sí mismo es una energía que fluye de forma poderosa con estabilidad y armonía; es una fuerza que no es egoísta ni controladora, es abierta y profundamente generosa. El amor es un estado de sublime liberación, en tanto que el apego es el control. *Confundir el amor con el apego tiene consecuencias desastrosas.*

A medida que la mente se va liberando del condicionamiento del pasado, resulta más fácil ver la diferencia entre el apego y el amor. Conforme se desarrolla la consciencia, se hace más evidente que el amor conlleva una sensación de tranquilidad, mientras que el apego provoca tensión.

Todos entramos en relaciones con apego porque el 99.99 % de nosotros no somos seres completamente liberados que han erradicado el sufrimiento que procede del deseo y el apego. El estado normal de nuestra mente es una mezcla de apego y amor, una mezcla de rudeza y ligereza, y llevamos todo esto a nuestras relaciones con nuestras parejas, quienes aportan una composición similar. Nuestros seres se unen, pero también lo hacen nuestros traumas acumulados, nuestros disparadores y todo lo demás que puede crear fricción entre dos personas. A veces nos resulta difícil ver la diferencia entre el apego y el amor porque el drama que acompaña a las relaciones se considera normal y omnipresente. Pero esto no significa que no podamos esforzarnos más. Si de verdad amamos a la persona con la que estamos y si de verdad nos amamos a nosotros mismos, no nos queda otra opción que aceptar el reto del crecimiento y hacer todo lo posible por superar los apegos que tensan y hacen rígida nuestra mente. Si hay un desarrollo intencionado de la consciencia, con el tiempo será más fácil vernos a nosotros mismos y examinar de dónde provienen nuestras verdaderas motivaciones. ¿Estoy hablando y actuando desde el apego o desde el amor?

Preguntas para reflexionar

- ¿Cómo defines el amor?
- ¿Cuándo te has sentido más amado?
- ¿Cómo tiene que comportarse alguien para que te sientas amado?
- ¿Qué aprendiste de las veces en que las personas no te amaron bien?
- ¿Sientes que tu corazón está abierto y listo para conectar? ¿Cómo podrías abrirlo más?

6

El amor es compromiso y comprensión

A menudo vemos el mundo en términos de lo que queremos en lugar de lo que podemos dar. Las metas y los deseos que están envueltos en tensión pierden su sentido de balance y se convierten en apegos, y nuestra "felicidad" depende de su consecución. Así, creemos que estamos luchando por nuestra propia felicidad, pero lo que en realidad estamos haciendo es luchar por el placer efímero que sentimos cuando conseguimos controlar un resultado. La felicidad y el placer no son lo mismo.

La felicidad proviene de una profunda sensación de balance interior y paz; es fácil de alcanzar cuando el amor propio y el altruismo están en equilibrio. Es posible alcanzar un mayor nivel de felicidad cuando permites que la certeza de que todo está cambiando y seguirá cambiando te inspire a vivir el momento presente en un estado de mayor presencia. La intención de estar presente, centrando tu atención en la maravilla del momento y recordando en silencio que el instante que estás viviendo es único y nunca se repetirá de la misma manera, te hace apreciar a las personas de tu vida a un nivel mucho más profundo y genuino.

El apego complica bastante las relaciones, y es que, para que ambos se sientan iguales a la hora de diseñar la vida que están construyendo juntos, una relación sana requiere compartir el poder. Para diseñar tu vida se necesitan preferencias y objetivos. Pero la mentalidad de apego a menudo lleva esto demasiado lejos: se vuelve atrevida y convierte el deseo y la ansiedad en su principal objetivo. Esto genera tensión respecto a un resultado concreto y crea una limitación en la mente, ya que a medida que aumenta tu apego a un resultado determinado, tu propia perspectiva crece de forma proporcional y empiezas a tener dificultades para poder ver las perspectivas de los demás.

El deseo en una relación es saludable hasta cierto punto. No tiene nada de malo desear que tu pareja te trate bien o que haya una buena comunicación entre ustedes, o cualquiera de las otras cualidades que hacen que una relación sea armoniosa y vibrante. El problema surge cuando quieres todo de inmediato y siempre perfecto. Incluso las personas que han trabajado mucho en sí mismas no son capaces de mostrar su mejor versión a todas horas de todos los días. Los seres humanos pasamos por altibajos naturales que hacen difícil hacer siempre las cosas bien. Debemos tener el objetivo de tener una relación sana y bonita, y al mismo tiempo asegurarnos de que este objetivo no se convierta en un apego a tener una relación perfecta.

Compromisos voluntarios

Si el deseo de tener ciertas cosas en una relación está bien, pero el apego lleva las cosas demasiado lejos, ¿dónde está el término medio? La mejor opción es enfocarnos en los compromisos. Lo peligroso de los apegos es que pueden sacar lo peor de una persona, porque pueden transformarse en comportamientos controladores que eliminan la libertad de una relación. Los compromisos, por otro lado, son una combinación de honestidad y empoderamiento. Los compromisos ayudan a que cada persona pueda ofrecer de forma voluntaria lo que es capaz de aportar a la relación. Los compromisos funcionan cuando ambos se comunican sobre cómo les gustaría que funcionara su relación y, una vez que escuchan los deseos del otro, ambos pueden reflexionar y preguntarse: "¿Estoy dispuesto a hacer por mi pareja y por nosotros lo que ella quiere?". En las relaciones que se basan en compromisos no hay coacción. No te sientes presionado para hacer cosas; en cambio, tienes información sobre lo que tu pareja desea y, por tu propia voluntad y amor, puedes decidir satisfacer esos deseos.

Diseñar tu relación con base en compromisos hace que ambos mantengan constantemente su poder. Nunca hay un sentimiento de fondo de que estás obligado a hacer algo; todo es transparente. Cuando entiendes con claridad cómo puedes apoyar la felicidad de tu pareja, puedes asumir la responsabilidad de actuar de formas que sean estimulantes para ti y para ella. Lo que hace que el compromiso funcione es que hay una gran alegría en ver feliz a tu pareja, verla sonreír, que esté bien y segura. Cuando la persona que amas es feliz, esa felicidad sacará a relucir fácilmente la felicidad que hay dentro de ti. La alegría comprensiva es lo que hace que los compromisos valgan la pena.

Cinco señales positivas
que se pasan por alto:

Mirada amable
Corazón abierto
Buena energía
Acciones cariñosas
Palabras sinceras

Necesitas dos cosas para hacer que una relación basada en el compromiso funcione: honestidad y reciprocidad

Tu honestidad nutre de forma directa tu vulnerabilidad, que abre la posibilidad a una mayor conexión.

La honestidad es necesaria de parte de ambos miembros de la pareja. Solo a través de la honestidad la comunicación se vuelve valiosa y significativa. Puedes hablar todo el día, pero si sigues evitando la verdad, no estás comunicándote de verdad. La honestidad es la cualidad que alimenta y hace que la conexión entre ustedes dos sea más profunda y fuerte. No es una exageración decir que la honestidad puede hacer o deshacer una relación. Si de verdad amas a alguien, tienes que acercarte a esa persona con la verdad.

Los dos tienen que ser sinceros sobre cómo les gustaría que se apoyara su felicidad, pero también tienen que ser sinceros sobre lo que está dentro de sus posibilidades. Si algo de lo que pide tu pareja te parece incorrecto o simplemente imposible, tienes que decírselo. No estás obligado a satisfacer todos y cada uno de los deseos de tu pareja. La magia de una relación surge cuando eres consciente de todos sus deseos y encuentras aquellos que te parecen factibles de cumplir. No en el sentido de que sea una obligación cumplirlos, sino porque de verdad te entusiasma y te hace sentir bien hacerlo.

Por eso, el enfoque del compromiso voluntario contribuye a la armonía de una relación, porque ambos se consultan entre sí y luego consigo mismos sobre qué es lo mejor que pueden hacer. Por lo general, lo que tu pareja quiere y lo que tú quieres dar no distan mucho entre sí; solo se necesita un poco de claridad y honestidad para que las cosas encajen mejor. Una conversación tranquila y honesta puede ser de gran ayuda a la hora de que ambos comprendan lo que necesitan para apoyar con éxito la salud y la felicidad de su relación.

Asimismo, la honestidad debe ser recíproca, y debe quedar claro que ambos se esfuerzan por cuidarse mutuamente. Se necesitan dos personas para crear una relación sana, y ambos deben hacer todo lo posible por dar y recibir amor. Las relaciones unilaterales, en las que uno de los miembros de la pareja asume la mayor parte de la carga emocional, se encarga de la mayor parte del cuidado y siempre es el que mantiene la calma mientras que el otro no, pueden resultar agotadoras e insostenibles a largo plazo.

Una de las razones por las que dos seres humanos se unen en una relación es porque la vida es difícil. No solo nos unimos porque el vínculo del amor es fuerte, sino que también existe la ventaja añadida de que la carga de trabajo se divide con la pareja, y son dos personas las que resuelven los problemas en lugar de una. Disponer del apoyo de alguien con quien intercambiar ideas o reflexionar sobre las cosas es increíblemente valioso. Si el trabajo emocional y físico de una relación recae en exceso sobre una sola persona, la sensación de no ser apreciado o de no tener a alguien que se preocupe por ti como es debido comenzará a crecer y se convertirá en un obstáculo entre ustedes dos. No se trata de que cada uno tenga que repartirse las tareas al cincuenta por ciento, ya que cada uno tiene sus puntos fuertes. Lo importante es que ambos contribuyan y aprecien los esfuerzos de su pareja. Comprender cómo cuidarse adecuadamente el uno al otro es un objetivo a largo plazo, pero lo que importa es que el esfuerzo sea evidente y que el cuidado activo mejore.

Lo importante es asegurarse de que los compromisos que adquieren el uno con el otro no sean desiguales y que ambos tomen el amor que sienten por el otro y lo conviertan en un conjunto de acciones que alimenten la relación. De la misma manera que tienen que cuidarse a sí mismos como individuos, también tienen que cuidar la relación apoyando de forma activa la felicidad del otro.

Establecer la comprensión como objetivo

Una vez que entienden cómo es su relación ideal, también deben de ser conscientes de lo que necesitan para alcanzarla. Del mismo modo que es importante establecer una relación basada en compromisos voluntarios, también es importante saber que, cuando surja cualquier fricción, su objetivo no es ganar, sino entender.

Si realmente podemos comprender el problema,
la respuesta surgirá de él, porque la respuesta está
en el problema, no es algo separado de él.
—Jiddu Krishnamurti

A menudo, las parejas pierden la oportunidad de llegar a entenderse porque se centran en exceso en la tensión que hay en sus mentes. Es fácil caer rápidamente en la tentación de alimentar la tensión mental, lo que hace que pongamos menos atención a lo que dice nuestra pareja y más a cómo queremos responder para demostrar que tenemos la razón.

Dado que nuestras mentes tienen una tendencia reactiva que suele ser rapidísima, cuando nos sentimos tristes o amenazados, adoptamos comportamientos defensivos. Al inicio, sentimos que esto nos da seguridad, pero cuando lo hacemos, actuamos de forma inconsciente como si nuestra pareja fuera nuestro enemigo. Esto reduce nuestra capacidad de entender, porque estamos muy enfocados en ganar la discusión. En realidad, no hay discusión, incluso cuando se han cometido errores reales o se ha causado daño, y el mejor enfoque es entender de dónde viene este comportamiento. Entender tiene la capacidad de rectificar y de calmar la tensión de una discusión. Cuando eres capaz de ver las cosas desde la perspectiva de tu pareja, y ella puede verlas al mismo tiempo desde la tuya, resulta más fácil ver la cadena de acontecimientos y cómo se llegó a la discusión en primer lugar. Es más fácil aceptar una disculpa cuando se puede ver el origen de estas emociones y cómo alimentaron los errores que se cometieron o el desacuerdo que surgió.

Si el objetivo es comprenderse mutuamente, y esa comprensión puede calmar la situación, ¿cómo lo conseguimos?

Intentar aplicar cualquier cosa durante una discusión puede resultar tremendamente difícil, pero hay que empezar por algún lado. Lo fundamental es hacer todo lo posible por expresar tu verdad sin exaltarte. Hablar por ti mismo y utilizar frases en primera persona siempre es de gran ayuda.

Una comunicación tranquila, incluso en medio de una discusión, puede hacer que los dos se sientan más seguros, de modo que puedan bajar la guardia y centrarse en entenderse mutuamente, en lugar de sentirse como si estuvieran en modo de supervivencia. La comunicación tranquila no consiste en fingir nada, sino en aplicar el razonamiento de que hablar de forma respetuosa les ayudará a llegar de manera más efectiva a un entendimiento que les permita cerrar el capítulo de la discusión. También mantiene el respeto y el amor que se tienen mutuamente, incluso en estos momentos difíciles.

Escuchar de manera desinteresada es una habilidad que todos debemos cultivar de forma intencionada. Es muy fácil quedarse atrapado pensando solo en nuestros propios pensamientos y emociones en medio de una discusión. Para poder poner fin a la discusión de manera que no quede nada sin resolver y ambos se sientan realmente mejor, cada uno debe practicar la escucha desinteresada para que ambas historias se comprendan de forma clara. La intención puede ayudarnos a centrar nuestra energía en simplemente escuchar sin añadir nada a lo que estamos oyendo. La escucha desinteresada es una práctica intencionada de objetividad: se toma la perspectiva de la otra persona como un dato que ayuda a ver un panorama más amplio que la narrativa a la que la mente quiere aferrarse. Esto resulta particularmente difícil cuando uno se siente agraviado, pero incluso en estos casos vale la pena escuchar por qué la pareja hizo lo que hizo.

Otro aspecto que ayuda a comprender es el poder de la compasión. Una vez que te sientas cómodo con la comunicación tranquila y empieces a escuchar de forma desinteresada, haz todo lo posible por ponerte en el lugar de tu pareja, ver las cosas desde su perspectiva para comprender mejor por qué sus acciones se alinearon de la forma en que lo hicieron. La compasión es la medicina que nos ayuda a salir de nuestras perspectivas limitadas.

Buscar comprenderse mutuamente es reforzar la gran verdad de que nadie es tu enemigo. Las discusiones pueden calentarse tanto que parecen un combate sin violencia física, y en esos momentos se busca la victoria, en la que una persona gana y la otra pierde. En estos casos, existe un gran potencial de resentimiento por parte de ambos individuos. Buscar la comprensión no solo crea un entorno más seguro para las emociones de cada miembro de la pareja, sino que también hace que este momento de tensión sea algo que puede resultar muy productivo e incluso les ayudará a estrechar lazos como pareja.

Hay un hermoso nivel al que pueden llegar las relaciones, en el que se establece la madurez emocional suficiente para que ambos se sientan lo bastante seguros como para ser auténticos y honestos. Cada uno de ustedes ha dedicado el tiempo y la energía necesarios para construir la arquitectura de su hogar emocional y ahora pueden disfrutar de la sensación de seguridad y el cuidado que les une. No solo están en profunda sintonía, sino que se esfuerzan por tratarse con amabilidad y curiosidad. La vida sigue con sus altibajos naturales, los retos van y vienen, los momentos difíciles les dan sus lecciones, pero incluso en medio de todo ello, ustedes dos siguen seguros del apoyo y el cuidado que se prestan mutuamente y mantienen el objetivo de elevar el amor que fluye entre ustedes.

Aunque este capítulo de sus vidas es armonioso, nunca hay expectativas de perfección. Todavía existen desacuerdos y cosas por las que cada uno tendrá que disculparse de vez en cuando, pero ahora los conflictos se manejan de otra forma. Incluso cuando discuten, ambos siguen sintiendo que se aman profundamente. No hay maldad en sus palabras, sino que están más interesados en entenderse el uno al otro y llegar a una solución que les haga sentir bien a ambos. Nada es perfecto, la tensión y la irritación siguen surgiendo, pero la felicidad nunca ha sido tan abundante. El trabajo interior en el que ambos ponen energía es la clave que abre la puerta a esta nueva era.

Comprender es otro nombre del amor.
Si no comprendes, no puedes amar.
—*Thích Nhất Hanh*

Comunicación preventiva

La comunicación preventiva está diseñada para ayudar a frenar las proyecciones innecesarias o la acumulación de falsas narrativas que provocan discusiones. La tensión solo buscará más tensión; es un fuego que busca continuamente leña para seguir expandiéndose. Al llegar con honestidad y comunicarte pronto con tu pareja, tienes muchas más posibilidades de eliminar el combustible que mantiene el fuego de la tensión. En realidad, en muchos casos, decirle a Sara en voz alta cómo me sentía ayudó a que la tensión se disipara más rápido que si hubiera seguido guardándomelo para mí.

Nos topamos con la comunicación preventiva después de años sin comprender del todo cómo nuestros estados de ánimo afectaban en gran medida a nuestra capacidad para ser lógicos. Nos enfrascábamos en discusiones pequeñas y, a veces, grandes, sin darnos cuenta de que en realidad no estábamos molestos el uno con el otro, solo intentábamos liberar la tensión interna que ya sentíamos en nuestras mentes.

Las emociones tienen esa extraña necesidad de expandirse. Ya sean emociones más ligeras, como la felicidad y la alegría, o las más pesadas, como la ira y el odio, con frecuencia intentamos que los demás se sientan igual que nosotros. Si hay ligereza en la mente, nos gusta compartirla con los demás. Si hay pesadez en la mente, nos gusta que esa pesadez se extienda para que los demás puedan compadecerse de nosotros. Influir en los demás para que sientan lo mismo que nosotros nos hace sentir válidos; nos une. Compartimos las emociones más ligeras con nuestra positividad, nuestra sonrisa contagiosa o diciéndoles a los demás directamente por qué nos sentimos así. En el caso de las emociones más pesadas, a veces le contamos a alguien cercano por qué estamos molestos para que se una a nuestro sentimiento, difundimos negatividad con nuestra actitud o repetimos viejas discusiones en nuestra mente para poder enojarnos con cualquiera que esté cerca de nosotros. Aunque no compartamos directamente las razones de nuestro mal humor, nuestra energía estará llena de tensión e irritación, lo que será bien palpable para quienes nos rodean y, con frecuencia, afectará a su estado de ánimo, deprimiéndolos.

Esto último es algo que ocurre también a menudo en las relaciones: cuando alguien está de mal humor, es fácil ver las cosas a través de un prisma muy negativo. Los estados de ánimo tienden a alimentarse a sí mismos, por lo que un estado de ánimo pesado buscará más historias para mantener viva su llama. No importará mucho si las historias son ciertas, si se basan en información parcial o si son de hace mucho tiempo; la mente seguirá generando narrativas que mantengan la tensión. Este es un desafío constante en las relaciones, porque los estados de ánimo no pueden permanecer invariablemente constantes o positivos. Tendrán altibajos. Pero el desafío al que nos enfrentamos es asegurarnos de que los bajones que experimentamos no se conviertan en una ilusión que nos lleve a iniciar una discusión donde no es necesario.

Es cierto que habrá muchas ocasiones en las que las discusiones se produzcan por una razón obvia. No hay ninguna relación en la que nunca se produzcan disgustos. Las discusiones no son, en realidad, algo malo: si se mantienen con cuidado, honestidad, calma y vulnerabilidad, pueden convertirse en una forma de alcanzar un nuevo nivel de comprensión que los ayude a quererse más. Pueden convertirse en peldaños que ayuden a avanzar en la relación. También pueden ser la fuerza necesaria para derribar un muro que los mantenía alejados.

Pero hay más ocasiones en las que nos enojamos porque no somos conscientes de cómo nos sentimos por dentro y de cómo eso hace que nuestros pensamientos y razonamientos sean más confusos de lo normal.

Durante las primeras semanas de la pandemia, Sara y yo, como todo el mundo, estuvimos encerrados en casa; en nuestro caso, en nuestro pequeño departamento de Nueva York. Teníamos miedo y estábamos preocupados por lo que estaba pasando en el mundo. También estábamos felices de poder pasar más tiempo juntos. En ese momento, yo trabajaba desde casa, escribiendo mi segundo libro, *Claridad y conexión*, y Sara iba todos los días a su trabajo como científica. Nuestra nueva proximidad se reveló con rapidez. Pudimos ver cuánto habíamos crecido y cómo la meditación nos ayudaba a estar más tranquilos y a apoyarnos más el uno al otro, pero también empezamos a darnos cuenta de que aún nos quedaba mucho por hacer. Estar juntos en casa todo el tiempo nos mostró que éramos propensos a tener discusiones ocasionales.

Por fortuna, como ambos estábamos desarrollando la consciencia a través de la meditación, empezamos a darnos cuenta de que algunas de las discusiones de hecho necesitaban nuestra atención, mientras que otras parecían basarse en razones sin fundamento. Empezamos a darnos cuenta de que, si un día no nos sentíamos bien, la mente no solo alimentaba ese malestar, sino que también proyectaba esa tensión interna en quienquiera que estuviera cerca. Como solo estábamos el uno al lado del otro, tuvimos que crear un sistema para poder ver claramente dónde nos encontrábamos cada uno en nuestro espectro emocional.

Empezamos a contarnos de forma intencionada cómo nos sentíamos varias veces al día. El momento más importante era justo después de despertarnos por la mañana. A veces, mientras aún estábamos en la cama, nos decíamos: "Me siento muy bien", "Me siento cansado", "Estoy de mal humor e inquieto", "Me siento deprimido", etcétera. No necesitábamos justificar nuestro estado de ánimo con una razón por la que nos sentíamos así, solo bastaba con la emoción pura. Hacíamos todo lo posible por describir cómo se sentía nuestra mente en ese momento y descubrimos que ese breve momento de comunicación por lo general nos preparaba para tener un día exitoso juntos.

Solíamos hacer una segunda comprobación emocional a media tarde. Después de sumergirnos en el trabajo y enfrentarnos a lo que teníamos que lograr individualmente ese día, era inevitable que eso tuviera algún impacto en cómo nos sentíamos. Estos momentos de comprobación nos ayudaban a obtener la información que necesitábamos para apoyarnos mutuamente. Si en algún momento del día se producía un gran cambio en nuestras emociones, sobre todo si era inesperado o provocado por algo, nos lo comunicábamos mutuamente.

Hacer al menos dos comprobaciones rápidas e informales al día y otra cada vez que sentíamos grandes cambios en nuestro espectro emocional nos ayudó a mantener la armonía en nuestra relación a un nivel que nos parecía completamente nuevo. Estábamos acostumbrados a tener discusiones semanales constantes, pero muchas de las rencillas menores desaparecieron porque ahora sabíamos que, cuando uno de nosotros estaba deprimido, mostrarnos amables y preguntar "¿cómo puedo ayudarte en este momento?" favorece a eliminar cualquier tensión que la mente estuviera proyectando. Tener información clara que no encubra nada realmente auxilia a abordar y disipar la tensión de manera directa.

Una cosa importante que hay que saber sobre la comunicación preventiva es que es una mezcla entre preguntarse mutuamente "¿cómo te sientes?" y simplemente ofrecer la información sin que te la pidan. La informalidad de la comunicación preventiva debe integrarse en la cultura de la relación para que funcione. No es necesario sentarse y tener conversaciones formales como harían durante una discusión seria, se trata más bien de que se acostumbren a la verdad del momento y a compartirla con tu pareja. Hay que estar dispuesto a ser honesto con uno mismo y no fingir que se está mejor de lo que realmente se está. Para que la comunicación preventiva funcione, es necesario cultivar una honestidad radical con uno mismo y tener un canal abierto de vulnerabilidad con la pareja. Esto requiere una profunda consciencia y el valor y la fuerza para aceptar el sentimiento que se está experimentando en ese momento. La comunicación preventiva es como un breve momento de compasión.

Al principio nos costaba admitir que no nos sentíamos bien, a veces nos parecía incluso una derrota, pero en cuanto pronunciábamos las palabras sentíamos como si nos quitáramos un gran peso de encima. Con el tiempo, esta práctica se ha vuelto más natural y espontánea. Si uno de los dos se siente decaído o mal, tratamos de comunicárselo al otro lo antes posible para que sea consciente de la situación y tenga la oportunidad de apoyarnos si puede en mismo ese momento. Como mínimo, es una advertencia para no tomarse ninguna tensión o disgusto demasiado a pecho y, para la persona que se siente deprimida, es un recordatorio para intentar hablar con suavidad al otro.

Una de las grandes conclusiones que se refuerza a través de la comunicación preventiva es que, al nombrar de forma activa y repetida los diferentes estados de ánimo que experimentamos, comprobamos por nosotros mismos lo rápido que cambian las emociones. Cuando no expresamos lo que sentimos o cuando evitamos intencionadamente tomar conciencia de ello, es más fácil caer en la ilusión de que una emoción fuerte durará para siempre, o al menos más tiempo del que realmente dura. En un solo día puedes sentir muchas cosas. A través de este estilo de comunicación informativo, ves por ti mismo cuánto cambias, y eso te ayuda a desarrollar un sano sentido de desapego hacia la emoción temporal que estás experimentando. Te permites sentir directamente lo que es real para ti en ese momento, pero también aceptas ese sentimiento con la comprensión de que es una experiencia temporal y fugaz, y que con el tiempo esa pesadez terminará. No solo eso, sino que al nombrar la emoción le quitas mucho de su poder y recuperas tu capacidad de acción. Tratar de ignorar o negar lo que sientes, aunque sea solo para ti mismo, puede darle sin querer más poder a ese sentimiento. A pesar de la emoción temporal que se presente, siempre tienes el poder de actuar como desees en lugar de dejarte dominar por ella.

Comprender esto comenzó a afectarnos tanto a Sara y a mí que, de un modo casual, empezamos a cambiar nuestro lenguaje y pasamos de decir "Ahora mismo me siento triste" a "Siento que la tristeza me invade en este momento" o "Caray, siento que esta pesadez me está invadiendo". El reconocimiento y la comprensión comenzaron a hacer que nuestro lenguaje representara con mayor precisión lo que estaba sucediendo. Esto demuestra que "yo" nunca es solo una cosa o una emoción, que quien eres existe en un espectro en constante cambio. Hay algo en evaluar correctamente la impermanencia de cualquier emoción en el lenguaje que utilizamos que nos hace sentir empoderados. Cualquier tormenta es solo eso, una tormenta, y ninguna tormenta en la historia del mundo ha durado para siempre.

Ocho lecciones de ocho años de matrimonio

Sara y yo celebramos recientemente ocho años de matrimonio. Ha sido un viaje hermoso y desafiante construir la armonía en nuestra relación, en especial al principio, antes de empezar a meditar. No somos perfectos y todavía hay altibajos, pero es innegable que hay más amor y cuidado entre nosotros que nunca. Las siguientes son ocho de las principales lecciones que he aprendido de nuestra relación:

1. **La conexión por sí sola no basta.** Sara y yo siempre hemos tenido una conexión fuerte, innegable e inevitable, pero antes de casarnos nos costaba mucho cuidarnos a nosotros mismos y cuidarnos el uno al otro. Teníamos muy poca madurez emocional entre nosotros, así que de forma constante nos culpábamos mutuamente de cosas innecesarias y nos costaba mucho pedir perdón y superar las discusiones. La conexión solo puede mantenerlos unidos durante un tiempo; al final, es necesario reforzarla y que ambos hagan un trabajo interno. Cuando ambos desarrollan paz interior y conciencia de ustedes mismos, esto se transmite al exterior y refuerza su relación.
2. **Las proyecciones causan fricción.** La falta de conciencia de nosotros mismos fue una gran dificultad para ambos al principio. No podíamos ver cómo proyectábamos sin cesar nuestras emociones en el otro, creando así malentendidos. Si proyectas constantemente, significa que solo ves tu propio punto de vista y te cuesta ver la perspectiva del otro. Las proyecciones no solo crean desarmonía, sino que hacen que cada persona se sienta incomprendida. Desarrollar la conciencia de tus propias emociones, ver cómo cambian dentro de ti y darte cuenta de cómo afectan a tu perspectiva y a tu elección de palabras es un regalo que te haces a ti mismo y a tu pareja. Tener consciencia de ti mismo puede ayudarte a bajar el ritmo para que puedas preguntarte: "¿Es esto realmente lo que siento o solo estoy proyectando?".
3. **Es necesario comprobar la temperatura emocional.** La simple verdad es que, incluso cuando se lleva muchos años juntos, no podemos leer la mente del otro. Lo mejor es comprobar varias veces al día cómo están las emociones de cada uno. Hacer saber al otro cómo están cambiando tus estados de ánimo no solo ayuda a la comunicación, sino que funciona como medida preventiva para no proyectar las emociones en el otro. Si pasas el día sin reconocer cómo te sientes, es fácil culpar de forma

inconsciente a tu pareja por momentos bajos que pueden no tener nada que ver con ella. Ser honesto y expresar lo que sientes aporta más claridad a cada una de sus interacciones y les permite apoyarse mejor el uno al otro.

4. **Necesitan comprender individualmente su historia emocional y sus patrones de comportamiento.** El trabajo personal interior es lo que de veras cambia las reglas del juego en una relación: tiene el poder de crear una nueva era de comprensión y comportamiento hábil que les ayudará a tener una unión más profunda y feliz. Si no reconoces la forma en que tu pasado te ha moldeado, seguirás repitiendo las mismas reacciones defensivas y de supervivencia que utilizabas entonces. Si tu pasado permanece inconsciente, se filtrará en tu relación de formas que les impedirán a ti y a tu pareja tener la mejor unión posible. Solo después de verte con claridad podrás trabajar para desarrollar nuevos patrones de comportamiento que sean más propicios para tu propia felicidad y la de tu pareja.
5. **El verdadero trabajo consiste en encontrar y utilizar una práctica de sanación.** Tomar conciencia de tu historia emocional es una cosa, cambiarla es otra. Una vez que observas tus nudos, tienes que deshacerlos. La mejor manera de hacerlo es adoptando una práctica establecida que ya esté ayudando a muchas personas. No tienes que descubrir el hilo negro. Solo tienes que encontrar algo que se adapte a tu situación, algo que esté en consonancia con tu intuición y te ayude a dar pasos visibles hacia adelante. Para Sara y para mí fue la meditación Vipassana, pero hay muchas formas diferentes de meditación que pueden dar buenos resultados, o diferentes formas de terapia y muchas otras prácticas que pueden ayudar. También debes darte cuenta de que tú y tu pareja pueden necesitar diferentes herramientas de sanación y eso está bien, lo que importa es hacer el trabajo y que ambos estén creando un espacio para cambiar el comportamiento.
6. **Dejen que el otro evolucione.** Quienes eran el primer día que se conocieron es muy diferente de quienes son ahora. De forma intencionada o no, sus gustos, aversiones, puntos fuertes y

preferencias generales cambiarán con el tiempo. No es algo a lo que deban resistirse, sino un incentivo para seguir sintiendo curiosidad el uno por el otro a medida que pasa el tiempo. Siempre hay más que aprender el uno del otro y la forma en que les gusta recibir apoyo también cambiará con el tiempo. Su evolución individual impulsará la evolución de su relación. Lo que les parece divertido, cómo les gusta disfrutar del descanso, lo que les gusta aprender juntos, los lugares que les gusta visitar, cómo ven el mundo… Todo ello sufrirá pequeñas o grandes transformaciones con el tiempo.

7. **Son más que pareja; también son mejores amigos y compañeros de casa.** Ampliar su idea de los papeles que desempeñan en la vida del otro puede ser beneficioso. Sara no solo es el amor de mi vida, también es mi mejor amiga. Disfrutamos contándonoslo todo y enfrentamos el mundo como un equipo. Compartir nuestro espacio vital nos convierte de forma automática en compañeros de casa, y una parte importante de nuestra relación es crear juntos un espacio que sea un hogar para los dos. Tu pareja no es solo la persona con la que compartes muchas risas, sino también la persona con la que planificas y elaboras estrategias para poder afrontar de la mejor forma cualquier reto que se presente. Verse como personas que desempeñan un papel multifacético no tiene nada que ver con la codependencia, sino que es simplemente admitir el hecho de que cualquier relación entre dos personas es versátil.
8. **La verdad los une más. Las mentiras siempre crean distancia.** Si en verdad quieren sentirse como un equipo y mejorar su conexión, tienen que ser sinceros el uno con el otro. A veces es difícil, pero hacerlo con compasión ayuda. Recibir sinceridad también es difícil, pero es mejor que vivir en una casa llena de mentiras. Una vez que abres la puerta a la honestidad, puede que aún haya mucho que resolver y hablar, pero con el tiempo, si esa puerta permanece abierta, ambos sentirán un nuevo nivel de confianza en su relación. Ambos sabrán que están comprometidos mutuamente y que su comunicación

se está fortaleciendo. Habrá una sensación de libertad y ligereza que ambos sentirán cuando sepan que la verdad es bienvenida en su relación.

Preguntas para reflexionar

- ¿Cómo te sientes cuando reconoces que alguien te comprende de verdad?
- ¿Qué compromisos has adquirido con otra persona que te hacen sentir bien?
- ¿Eres de esas personas que rehúyen los compromisos por miedo a salir herido? ¿Cómo estás trabajando para romper este patrón?
- ¿Te has tomado el tiempo para profundizar y conectar con tu pareja últimamente?
- ¿Qué cosas sobre ti mismo o sobre tu relación te gustaría comunicar a tu pareja esta semana?
- ¿Notas cómo cambian tus emociones a lo largo del día? ¿Estás dispuesto a compartir estos cambios con tu pareja?

7

El arte de discutir

Sin comprensión, el amor es imposible.
—*Thích Nhất Hanh*

Cuando comprendas que las relaciones no son solo un espacio de seguridad y nutrimento, sino también un espacio que alimenta tu evolución, ya no te sorprenderán los momentos de conflicto entre tú y la persona que amas.

Cuando surge una pelea, no significa necesariamente que no sean el uno para el otro. La mente de supervivencia verá una discusión como algo peligroso y querrá poner excusas para convencerte de que huyas. Por eso es crucial hacer una pausa antes de hablar para serenarte y evaluar cómo quieren comportarse en una discusión. Esto les ayudará a pasar de una mentalidad de supervivencia a una mentalidad intencional que busca reparar en lugar de controlar.

Cuando empieces a ver que las discusiones ocasionales son una parte natural de la intimidad con otra persona, dejarás de considerar los momentos difíciles como "algo malo" y, en cambio, los verás como una oportunidad para comprender mejor al otro. Si ambos se interesan más el uno por el otro que por tener razón, la resolución y el fin de la discusión llegarán finalmente. Tomarse en serio el crecimiento personal y tener la capacidad de ver más allá de la propia perspectiva también ayudará a superar las desavenencias.

Pretender que en una relación no haya conflictos, no es razonable. Dado que ambos tienen ego y que esos egos han adquirido un condicionamiento a lo largo de toda una vida, parte del cual es un condicionamiento defensivo construido en momentos de supervivencia o lucha, es inevitable que haya momentos en los que tengan que sentarse y discutir en serio las fricciones que surgen entre ustedes. Aun así, cuando los dos se esfuerzan por vivir como versiones maduras de ustedes mismos, pueden proponerse sostener sus discusiones dentro de un entorno amoroso.

A continuación, te presento algunas prácticas clave que pueden ayudar a facilitar una transición más suave de la discusión al entendimiento.

1. **Perspectivas válidas.** Cada uno tiene su propia perspectiva sobre el asunto y cada perspectiva es digna de ser escuchada sin interrupciones. La única manera en que ambos pueden desarrollar una visión completa de lo que sucedió entre ustedes es reuniendo sus dos perspectivas. La práctica clave aquí es tomar turnos con paciencia para darles a cada uno el espacio para compartir antes de tener una discusión abierta sobre cómo seguir adelante.
2. **Practiquen la escucha desinteresada.** El ego tratará de interponerse cuando tu pareja esté compartiendo su versión de las cosas, y la única manera de combatir esto es volviendo a centrar tu atención de forma intencionada en sus palabras en lugar de pensar en cómo quieres responder a lo que está diciendo. Esta es una práctica de compasión. Déjate llevar por su punto de vista; míralo desde su perspectiva. Esto solo puede funcionar si ambos se turnan para escuchar de forma desinteresada.
3. **Sé sincero sin dramatizar.** El afán por tener razón puede llevarte a adornar las cosas. ¿Puedes ser sincero y expresarte sin exagerar ni ser cruel? Mostrar tu punto de vista con honestidad hará que la conversación fluya con mayor facilidad y los acercará más. Las formas más profundas de amor requieren una base de honestidad y amabilidad.
4. **Pregúntate si puedes dejarlo pasar.** El apego surge enseguida cuando el ego se siente amenazado, incluso si el razonamiento al que te aferras es ilógico y funciona como un obstáculo que se interpone en tu paz. Reflexiona para ver si te estás aferrando a las emociones intensas sin necesidad. Recuerda el amor que sientes por tu pareja y el amor que sientes por ti mismo. Deja que estas emociones más ligeras te guíen hacia un punto medio.

5. **Asume la responsabilidad que te corresponde.** Cuando asumimos la responsabilidad de nuestras acciones y errores, se crea un espacio en el que los demás se sienten más cómodos para hacer otro tanto. En una relación, nadie debería tener que ser siempre la persona más madura, pero cuando eres capaz de aceptar tu parte de responsabilidad en algo, reconocerla y pedir perdón por ella, la discusión pasa de ser una acusación a una conexión.
6. **Recuerda que tu pareja no es tu enemigo.** No dejes que tu ira te haga olvidar quién está frente a ti. La persona que tienes delante no es perfecta, pero sigue siendo a quien amas. Asegúrate de protegerte, pídele que responda si es necesario, pero no seas demasiado conflictivo.
7. **El objetivo no es ganar, sino comprender.** Cuando te das cuenta de que el amor no tiene nada que ver con el dominio y todo que ver con la libertad, resulta más fácil centrarte en comprender al otro como forma de concluir la discusión en lugar de ganar. La comprensión es una emoción generativa, a diferencia de lo que ocurre cuando te esfuerzas por ganar, lo que significa que la otra persona tiene que perder, lo que de forma natural conduce a la acumulación de resentimiento. Buscar la comprensión significa que ambos aceptan la vulnerabilidad, lo que ayudará a profundizar su conexión.

Encuentra una pareja que sea lo bastante consciente
emocionalmente como para mantener una conversación tranquila
y honesta cuando surja un conflicto entre ustedes.

Buscar comprender al otro en lugar de
ganar la discusión hace que sea más fácil
encontrar un terreno común con el que ambos se sientan bien.

Ambos aceptan la verdad de que el amor no es fácil
y que ser imperfecto es natural.

Incluso durante las tormentas, no olviden el amor que sienten
el uno por el otro y lo mucho que valoran su conexión.

Más allá de la perspectiva

Cuando comprendes que tu propia perspectiva está limitada y nublada por tus percepciones pasadas, te apegarás menos a ella. La mente no puede procesar de inmediato múltiples perspectivas y, por lo tanto, un mayor grado de verdad, a menos que te entrenes para hacerlo. La percepción suele estar centrada en el ego y enfocada en tu punto de vista particular, además de estar filtrada por tu pasado, pero la mayoría de las situaciones, sobre todo las que tienen que ver con otras personas, se crean a partir de un gran número de causas. Esto quiere decir que lo que ves, lo que sentiste, lo que crees que pasó, no es todo lo que hay; hay mucho más de lo que tu mente está inventando. Un momento único que comparten las personas se puede entender de muchas maneras diferentes.

Hace falta mucha fuerza mental y humildad para reconocer que tu perspectiva no es la verdad absoluta. Ser capaz de soltar la historia que tienes en tu mente te abre a la posibilidad de la co-creación, donde construyes una narrativa nueva y más amplia de la serie de eventos con la persona o personas involucradas, y esto es muy importante para las parejas.

Crear juntos la historia escuchándose de forma desinteresada pintará un cuadro mucho más claro y honesto que si una persona intenta dominar la narrativa y evadir toda culpa. Esto no significa que tengas que estar de acuerdo sobre cómo sucedió todo, pero sí significa que tienes que salir intencionalmente de tu propia perspectiva para ver cómo tu pareja vivió la situación. El simple hecho de salir de tu propia perspectiva es una demostración de tu amor por tu pareja. Este acto es una clara señal de que te preocupas por ella y la respetas como a un igual, que tiene voz y voto sobre cómo ocurrió todo. Ninguno de los dos controla la narrativa porque la están construyendo juntos.

Durante una conversación difícil, es importante que compruebes tu estado emocional y si la situación ha despertado viejas heridas. Si tus emociones son demasiado intensas, sin duda pueden afectar a tu percepción y hacer que lo que ha sucedido sea aún más confuso que antes. Cuando tus emociones son demasiado turbulentas, te resultará difícil salir de tu propia perspectiva. Las emociones densas contienen la energía del apego, se aferrarán a cualquier cosa que las alimente. Esto significa que las emociones pesadas repasarán la serie de acontecimientos y se inclinarán por ver a la otra persona como la que está equivocada; esto ayuda a que las emociones se mantengan intensas, pero no ofrece una solución. En estos momentos, lo mejor es decirle a tu pareja que tus emociones son tan intensas que te impiden pensar con calma y pedirle que retomen la discusión cuando hayas tenido tiempo de tranquilizarte. No todo tiene que abordarse enseguida, y a veces puede ser de verdad saludable tranquilizarse antes de hablar de una discusión.

Cuando pienso en las discusiones que Sara y yo hemos tenido durante los muchos años que llevamos juntos, la mayoría acababan con una disculpa de los dos. Cuando nos serenábamos de forma intencionada y empezábamos a hablar de lo sucedido con sinceridad, quedaba claro que los dos habíamos hecho cosas que habían provocado que la discusión se volviera más tensa. Ni ella ni yo somos santos y los dos dijimos cosas de las que nos arrepentimos y, con el tiempo, nos disculpamos y reconocimos los errores que cometimos. Aunque uno de nosotros hubiera iniciado la discusión y tuviera más motivos para disculparse, el otro solía aceptar esa invitación a la rabia y acababa diciendo o haciendo cosas que solo empeoraban la situación. Darte cuenta de lo fácil que es agravar el problema y de que ni tú ni tu pareja son personas perfectas te ayudará a tener la humildad necesaria para disculparte cuando sea necesario.

Dejar de lado las pequeñeces

Los seres humanos pasamos por una amplia gama de emociones constantemente y, cuando estás de mal humor, es mucho más fácil decir o hacer algo de lo que luego te arrepientes o que tu pareja considera ofensivo. Muchas discusiones y momentos de tensión entre parejas se disparan por pequeñas cosas. Una persona no se siente bien ese día, por lo que está más sensible de lo habitual, o alguien se pasa de la raya con una broma, etcétera. En estos casos, cada uno tiene una opción: disculparse y perdonar o permitir que la tensión se acumule y se convierta en algo mucho más grande de lo que tiene que ser. Un error banal y sencillo puede relacionarse con un problema más amplio que ha sido un punto de discordia difícil y recurrente en tu relación. Por lo general, esto se debe a que la emoción de la rabia o el resentimiento buscará más cosas con las que alimentarse, y lo más fácil es volver a sacar a relucir los grandes problemas de tu relación a los que ambos regresan una y otra vez.

Cuando haces que el desarrollo intencional de tu consciencia sea un aspecto natural de tu vida diaria, empezarás a darte cuenta de cuándo estás agrandando un pequeño punto de tensión y de cómo tu mente empieza a conectar cosas inconexas para ponerse más tensa. Cuando reconozcas que este proceso está empezando en tu mente, debes practicar el soltar. Si con sinceridad te evalúas a ti mismo, verás que en tu vida ha habido muchas discusiones que no tenían por qué haber sucedido, momentos de tensión que se han hecho innecesariamente grandes.

Algo tan simple como no dormir lo suficiente una noche o tener hambre puede convertirse en el catalizador de grandes discusiones con tu pareja. Muchas veces, no vemos estas pequeñas conexiones entre nuestro estado de ánimo y nuestras reacciones negativas porque nos dejamos llevar muy rápido por el objeto de nuestra frustración.

Las cosas pequeñas pueden agrandarse muy deprisa, pero ¿es necesario que sea así?

Una de las formas más bonitas de expresar tu amor por otra persona es hacer todo lo posible por verla con claridad y no reaccionar por un mal humor o por patrones pasados.

Esto es posible cuando comprendes que el condicionamiento pasado y las circunstancias presentes suelen influir en tu visión de lo que otra persona dice y hace. El dolor que llevas contigo, el trauma que hayas podido sufrir, así como los inevitables momentos bajos de la vida, modificarán tu percepción, por lo general en una dirección defensiva. A menudo, cuando miras a otra persona, al principio ves tus propias emociones en lugar de ver a la persona tal y como es. Cuando se trata del amor, el pasado puede ser a veces nuestro mayor obstáculo para desarrollar una conexión sana y vibrante.

Si quieres amar bien a otra persona, no tienes otra elección que hacer un viaje interior y asegurarte de que el amor que hay en ti es abierto, acogedor y está listo para dar y recibir nutrición.

La mejor manera de hacerlo es dedicar esfuerzo a tres cosas:

1. **Dedicar tiempo a examinar tu historia emocional.** Esto te ayudará a comprenderte mejor a ti mismo. Te mostrará tus puntos fuertes y las partes de ti que necesitan sanación. Lo que hay dentro de ti se manifestará de una forma u otra en tus relaciones, por lo que te será muy útil ser consciente de tus patrones más profundos.
2. **Asegurarte de no huir de las emociones difíciles en el momento presente.** Si puedes estar contigo mismo durante los momentos difíciles, esto mejorará en gran medida tu paciencia y tu capacidad para comprender que las tormentas no son eternas. Dejar que estos momentos difíciles pasen sin que te dominen te ayudará a sentirte más ligero y te dará una gran capacidad para estar presente cuando otra persona esté atravesando momentos difíciles.
3. **Crear intencionadamente una relación amorosa contigo mismo.** La forma en que te tratas a ti mismo puede convertirse en la manera en que tratas a tu pareja. Amar a otra persona depende en gran medida de lo fuerte que sea tu amor propio. La manera en que te aceptas a ti mismo, como hablarte con dulzura en tu mente, no obligarte a ser perfecto y todas las demás formas en que activas tu amor propio, acabarán determinando la forma de tu relación.

Aclarar tu percepción también requiere de un entrenamiento mental intencionado. Enséñate a ti mismo a observar las cosas sin sacar conclusiones precipitadas, a suspender el juicio y simplemente a asimilar lo que está ocurriendo. También requiere volver una y otra vez al momento presente para que tu mente no se desplace de forma inmediata al pasado o al futuro. El acto de amor más profundo no es un recuerdo ni el deseo de algo en el futuro, sino una acción desinteresada en el momento presente.

Estas habilidades que desarrolles te serán útiles en la vida diaria, ya que tú y tu pareja tomarán turnos para escuchar y así podrán intentar ver el mundo a través de la perspectiva única del otro.

La capacidad de escuchar genuinamente es la compasión en acción. Cuando ambos intentan de manera deliberada escucharse mutuamente de forma desinteresada y entablan conversaciones con curiosidad, su conexión se fortalece de forma natural y se vuelve más satisfactoria. La atención pura que se prestan el uno al otro los acercará más.

Suposiciones y expectativas

Recuérdate a ti mismo con frecuencia que tu pareja no puede leerte la mente. Incluso después de años juntos, quizá conozca bien tu historia, comprenda tus motivaciones y apoye tus objetivos, pero no puede conocer el intrincado y complejo entramado de tus pensamientos. Crear una cultura entre los dos en la que la comunicación sea lo primero puede sentar las bases para una relación amorosa. También puede eliminar cualquier confusión que pueda surgir cuando guardas para ti mismo información importante que podría ayudar a la relación.

A la mente no le gustan las incógnitas, por lo que intentará llenar rápidamente los vacíos. Incluso cuando se trata de tu relación, se precipitará a hacer suposiciones. Este patrón está tan arraigado en la mente que se apresurará a hacer suposiciones incluso cuando estas se basen en información poco fiable y no verificable. Sobre todo, si el miedo es una emoción a la que tu mente recurre con frecuencia, creará suposiciones negativas que no tienen base en la realidad. La mente puede hacerte ver amenazas y desafíos donde no los hay. Puede hacerte cuestionar las intenciones de tu pareja o incluso el amor que siente por ti.

Las suposiciones son un terreno peligroso; pueden crear una brecha entre tú y tu pareja y hacer que ambos sientan que no pueden confiar el uno en el otro. La única manera de cerrar esta brecha entre ustedes es con una comunicación sincera y reduciendo la velocidad cuando seas tú quien saque conclusiones precipitadas. *En vez de suponer, pregunta. Si estás construyendo narrativas poco fiables basadas en información parcial, pídele a tu pareja la información que necesitas para entenderla de verdad.*

El hecho de hacer suposiciones de forma continua, sobre todo si se basan en el miedo, puede desgastar a tu pareja y hacerle sentir que su relación no tiene la confianza adecuada. Esto puede ocurrir sobre todo si una pareja anterior te ha hecho daño o te ha traicionado: la mente sacará la conclusión precipitada de que la nueva pareja puede estar planeando lo mismo. Pero no siempre es así. No dejes que las suposiciones sean la razón por la que la confianza no florezca en el hogar que están construyendo juntos.

Las expectativas silenciosas también pueden crear una fisura entre tú y la persona que amas. A menudo, las expectativas son necesidades o deseos no expresados, formas en las que te gustaría que tu pareja contribuyera a tu felicidad, pero de las que ella puede no ser consciente. El problema es que no se comunican adecuadamente. Las expectativas tácitas son como pequeñas trampas que inconscientemente tiendes para ti y tu pareja. Te molestas cuando tus expectativas calladas no se cumplen, aunque tu pareja nunca haya tenido la información necesaria para saber si satisfacer tus necesidades estaba dentro de sus posibilidades. Recuerda que las expectativas no expresadas son una receta para la decepción y las discusiones futuras.

Tanto las suposiciones como las expectativas no expresadas son un error de comunicación. La solución inmediata es tener el valor de ser más honestos el uno con el otro y no dejar que sus mentes se descontrolen y creen narrativas falsas. Tu pareja tiene derecho a ser la mejor pareja posible, pero eso requiere que le des un alto nivel de información sobre lo que piensas para que esté bien informada sobre cómo apoyarte mejor. Una buena forma de demostrar tu amor es decirle con claridad lo que hace bien y lo que podría mejorar. Hacerle adivinar lo que necesitas solo creará decepción para ambos.

Comunicación tranquila

Tengo la suerte no solo de tener unos padres estupendos, sino también unos suegros maravillosos. Estoy agradecido por tener una relación tan buena con ellos. Han sido cálidos, amables y me han apoyado muchísimo. Los padres de Sara, Jan y Steve, me han enseñado muchísimo, sobre todo con el ejemplo de cómo viven sus vidas y cómo se tratan entre ellos y a los que les rodean. A lo largo de los años, siempre he observado cómo mantienen conversaciones importantes entre ambos de forma tranquila. Incluso en los momentos buenos y malos, mantienen un claro nivel de compasión mutua a la hora de resolver problemas juntos.

Jan y Steve llevan casados cuarenta y ocho años y tienen seis hijos. Uno de los mayores regalos que han dado a su familia es su estabilidad interior y el fuerte amor que se profesan. El ambiente que han cultivado en su hogar se debe en parte a un momento importante que compartieron justo después de casarse. Estaban en medio de una discusión, pero su desacuerdo era muy fuerte.

Como mucha gente, Steve empezó a levantar la voz mientras se expresaba. Jan lo miró y le dijo: "Espera un momento, quiero tener muchas discusiones contigo. Espero tener muchos años de desacuerdos, pero no me levantes la voz. Por favor, no grites. Si me levantas la voz, no puedo escucharte". Este momento cambió por completo la forma en que se comunicaban.

Desde la perspectiva de Steve, se sentía acusado de estar gritando, cuando en realidad solo estaba alzando la voz. Pero reconoció que para Jan eso sí era gritar, así que dejó de hacerlo. Sabía que, aunque sus percepciones de ese momento eran diferentes, continuar de la misma manera no favorecía una buena comunicación que les ayudara a zanjar el desacuerdo. El hecho de que Jan expresara tan claramente sus sentimientos en ese momento, al principio de su relación, creó una oportunidad para dar un giro. Con el tiempo, Steve se dio cuenta de que, incluso sin levantar la voz, era capaz de transmitir su mensaje.

Me llama mucho la atención la frase: "Quiero tener muchas discusiones contigo", porque captura una de las verdades fundamentales de las relaciones duraderas. No siempre van a estar de acuerdo. Son dos personas con sus propios puntos de vista y las dificultades de la vida crearán momentos en los que esos puntos de vista saldrán a la superficie y, a veces, no congeniarán bien.

Aun así, debe haber una norma, una cultura desarrollada entre tú y tu pareja que fomente situar estos desacuerdos en un contexto propicio, en el que el conflicto no sea una oportunidad para que el ego crezca y domine, sino para que la compasión salga a la superficie y puedan entenderse a un nivel más profundo. Discutir es normal, estar en desacuerdo es común, pero el amor es la forma en que los dos pueden sacar la cabeza del agua para encontrar un buen camino a seguir.

Jan continuó diciendo que, para poder discutir durante años, ambos necesitaban ser capaces de escuchar, sentirse escuchados y no sentirse atacados en medio de un desacuerdo. Aunque este momento ocurrió hace décadas, ha tenido un efecto dominó a lo largo del tiempo y ha sentado las bases para una comunicación productiva entre ellos. La comunicación tranquila que practican es evidente hasta en la forma en que hablan con sus hijos y nietos. Los momentos de autenticidad y el valor de expresar con claridad tus necesidades pueden acabar teniendo un impacto positivo en muchas personas a lo largo del tiempo.

Encuentra una pareja que recuerde claramente
que te ama aun cuando
estén en medio de una discusión.

Sabes que el amor es real porque,
incluso cuando están enojados, sigue sintiendo curiosidad
por entender las cosas desde tu perspectiva.

A medida que ambos continúan compartiendo,
empiezan a liberar la tensión
y a encontrar un punto medio
satisfactorio para ambos.

Sobre la culpa

El ego es increíblemente afecto a culpar a los demás. Tiene la tendencia a rechazar la responsabilidad y la rendición de cuentas. El ego sentirá emociones negativas y siempre buscará asignar razones externas de por qué están ocurriendo las cosas, incluso cuando tenga que forzar la lógica para hacerlo. El ego es un mecanismo temporal que se basa en el miedo y nos ayuda a navegar por el mundo material, pero su objetivo principal es la supervivencia, y está continuamente ávido de lo que es placentero.

Parte de la dificultad de hacerse responsable de cómo te sientes es que recuperar tu poder supone una incomodidad. Es mucho más fácil acusar a los demás que ver cuánto de tu desdicha es culpa tuya. Utilizamos la expresión "mi ego está herido" porque eso es exactamente lo que se siente al aceptar la responsabilidad de tus errores. La vergüenza y la incomodidad pueden acompañar al principio a la aceptación de la responsabilidad, pero es lo más maduro e incluso lo más poderoso que podemos hacer, y esas emociones iniciales desaparecen rápidamente.

Desarrollar una visión equilibrada de la culpa requiere no caer en extremos y darse cuenta de que cada problema que surge es circunstancial y depende de las condiciones que lo causaron. La causa no siempre será la misma.

La clave es entender que la realidad que experimentas se filtra y se compone en tu mente. Tu percepción es un aspecto preponderante de tu mente; esta capta la información que recibe y la asocia con recuerdos del pasado. Tu percepción no solo percibe, sino que también evalúa. Sin ni siquiera molestarse en comprobar si lo que percibes es correcto, la mente le da una valoración positiva o negativa. Este es un proceso increíblemente rápido que puede meternos en problemas en nuestra vida cotidiana, porque acabamos juzgando demasiado rápido lo que encontramos. En lugar de limitarnos a observar, nos precipitamos a emitir juicios. Esta cualidad reactiva de la mente tiene sentido cuando luchas por sobrevivir, pero puede complicar las situaciones interpersonales.

No solo estamos juzgando deprisa, sino que estamos reaccionando a cómo nos hacen sentir esos juicios. Este proceso ultrarrápido tiene lugar íntegramente en nuestra mente. Esta es una de las verdades más difíciles de aceptar, porque, en última instancia, nuestro propio sufrimiento ocurre dentro de nuestra mente y se ve afectado por cómo percibimos la realidad. Esto puede parecer a la vez intimidante e inspirador, porque tú eres el creador de tu vida, eres el responsable directo de crear la realidad que estás experimentando por la forma en que la evalúas. Esto no descarta el hecho muy real de que otros también pueden provocarnos daño; solo destaca que nuestra reacción mental a las experiencias externas puede aumentar o disminuir en buena medida el sufrimiento que experimentamos.

El pasado influye en la forma de percibir el presente, hasta tal punto que interfiere por completo en nuestra capacidad de crear nuevas observaciones objetivas, ya que se esfuerza por categorizar todo lo que encontramos a través de lo que ha experimentado en el pasado. Ser intencional en liberarte de ese pasado, tomando conciencia de este proceso y dedicándole tiempo a reducir la velocidad y suspender el juicio, puede ayudarte a ver las cosas de una manera fresca y genuina.

El pasado puede estar tan codificado en nuestras mentes que podríamos escuchar una serie de palabras de alguien que tiene intenciones puras y que no quiere hacer daño, y nuestras mentes recordarán que esas mismas palabras fueron dichas hace años por alguien que nos hizo mucho daño. De inmediato, nuestra mente asociará a la persona que tenemos delante con la persona que nos hizo daño en el pasado e, instintivamente, es posible que nos cerremos a cualquier otra cosa que diga la nueva persona.

La combinación de asociar todo lo que estás experimentando en el presente con tu pasado y el rechazo del ego a responsabilizarse crea un amplio potencial para la culpa, las discusiones y los momentos de tensión entre las parejas. Sobre todo, cuando a los seres humanos les gusta compartir su tensión con quienes están más cerca de ellos. Somos seres de proximidad, lo que significa que quienes están más cerca de nosotros obtendrán lo mejor y lo peor de nosotros.

La principal forma de detener este proceso ultrarrápido de juicio y rechazo de la responsabilidad es ralentizar y retarnos a nosotros mismos a ser lo más sinceros posible. Se precisa energía intencionada para desarrollar una perspectiva equilibrada. Ralentizar y enseñarnos a nosotros mismos a no sacar conclusiones precipitadas o a no desarrollar demasiado deprisa un punto de vista estrecho basado en emociones pasadas resulta necesario si queremos asimilar el presente de la manera más objetiva posible. *Ser objetivo es complicado para los seres humanos porque la verdad es secundaria a la supervivencia.* Pero podemos entrenar nuestra mente para comprender que es muy beneficioso ser más equilibrados en la forma en que evaluamos las situaciones, en particular en lo que respecta a las relaciones. Necesitamos tener un sentido de la objetividad para poder reconocer nuestros errores y ofrecer disculpas cuando sea necesario.

La objetividad en sí misma es un reto importante y difícil de medir, sobre todo si se trata de situaciones relacionales. Sabrás que te has acercado a la objetividad cuando tanto tú como tu pareja se sientan escuchados y comprendidos al resolver la tensión entre ustedes. Si ambos sienten que pueden verse con más claridad, la tensión en sus mentes disminuye y cada uno acepta su parte de responsabilidad en el problema, entonces se están acercando a encontrar un punto medio.

Aunque alguien inicie de forma evidente una discusión o haga algo por lo que debe disculparse, la otra persona suele añadir tensión a la situación. Es cierto que hay ocasiones en las que la discusión es culpa de una sola persona, pero debemos preguntarnos honestamente: "¿Cuántas veces he empeorado una discusión que no había iniciado yo al exteriorizar mi agitación y he acabado diciendo algo de lo que luego me he arrepentido?". Nadie es un santo.

Para lograr el equilibrio, es esencial entender que tu propia percepción y tus reacciones alimentan la tensión en tu mente, lo que significa que no siempre podrás mantener la armonía interior cuando alguien se esfuerza por molestarte. Pero puedes seguir intentándolo. *Recupera tu poder de las personas que te rodean y que tratan de invitarte a unirte a sus emociones turbulentas.* Al mismo tiempo, date cuenta de que esto no justifica el comportamiento cruel hacia ti. A veces, las personas hacen o dicen cosas que sin duda están mal y debemos defendernos a nosotros mismos y a los demás que han sido agraviados. Recuperar nuestro poder en este sentido no consiste en reprimir nuestras emociones, sino en controlar nuestras reacciones viscerales para que no se exageren y nublen aún más nuestras percepciones y acciones.

Considera cuánta culpa se echan mutuamente. Sé consciente de cómo la tensión en tu mente puede distorsionar tu lógica y convencerte de discutir con alguien cuando en realidad no es necesario. Pregúntate esto: "¿Esta tensión estaba en mi mente incluso antes de empezar a tener pensamientos sobre ellos?".

Preguntas para reflexionar

- ¿Podrías escuchar mejor a tu pareja? ¿Puedes desafiarte a ti mismo a escuchar de forma más desinteresada la próxima vez que discutan?
- ¿Eres consciente de cuándo tu ego está tratando de defenderse y protegerse en una discusión?
- ¿Eres capaz de llegar al fondo del problema con tu pareja y tratarse con compasión?
- ¿Eres capaz de pensar con claridad después de que alguien te diga algo que te molesta? ¿Qué necesitas para recuperar el equilibrio?
- ¿De qué maneras controlas tu ego durante una discusión?

8

Los retos a los que se enfrentan las relaciones

Aceptar el reto del amor

Muchas personas quieren los aspectos más maravillosos de una relación: el amor, el cariño, la alegría y el apoyo, pero no quieren ninguno de los retos que conlleva amar a alguien con todo el corazón. Cuando ves películas románticas, sueles ver a dos personas que se conocen y luego se enfrentan a un único reto. Con un poco de valor, lo superan y al final se comprometen plenamente el uno con el otro. La parte engañosa es que no vemos lo que sucede después, y nuestro subconsciente adopta gradualmente la idea de que "felices para siempre" significa que no habrá más desafíos en una relación amorosa.

En la vida real, las relaciones están llenas de desafíos de todo tipo. Para muchas personas que se enfrentan a problemas de salud, familiares o económicos, el simple hecho de encontrar tiempo y espacio para mantener una relación amorosa puede resultar particularmente difícil. La familia y la carrera profesional también tienen sus inevitables contratiempos y pueden generar un estrés real. Yo no tengo hijos, así que no voy a hablar de esto en detalle, pero, como mínimo, los hijos añaden una dinámica completamente nueva a la relación que requiere mucha atención y energía, lo que resta tiempo para dedicarse el uno al otro. A menudo he visto cómo ocurre esto con familiares y amigos cercanos. La forma de ser cuando estás solo con tu pareja cambiará de forma inevitable cuando lleguen los hijos. Amarse y apoyarse mutuamente se vuelve aún más importante en estas diferentes etapas de la vida en pareja. Pero cuando se hace bien, una relación sólida puede ser el punto de apoyo en los momentos difíciles.

Aunque a nivel consciente admitamos que la vida y las relaciones tienen altibajos continuos, cuando aparece un reto, no nos gusta y esperamos que desaparezca lo antes posible sin tener que hacer nada. Esto tiene sentido porque nuestro instinto de supervivencia anhela la seguridad y la previsibilidad, pero la naturaleza de la realidad es un cambio continuo e incontrolable. Aunque a la mayoría no nos gustan los momentos difíciles, la vida y el amor nos pedirán que vayamos más allá de nuestros patrones iniciales si queremos vivir una vida plena.

A muchas personas les da miedo comprometerse por temor a perderse a alguien mejor que aún no han conocido, alguien que pueda ayudarlas a escapar de sus problemas y hacerles la vida más fácil. Muchas relaciones ni siquiera llegan a despegar porque hay demasiadas personas que anhelan lo "fácil".

Algunos eligen en repetidas ocasiones no iniciar una relación genuina y renuncian a alimentar una gran conexión que tienen delante porque están demasiado apegados a la idea de la perfección. El anhelo de una pareja "perfecta", en lugar de un individuo único con fortalezas y áreas en las que puede crecer, los mantiene en una búsqueda sin fin.

Otros a veces sabotean sus relaciones porque no se sienten dignos o lo demasiado buenos y porque tienen muchas heridas acumuladas que deben desentrañar y liberar. La verdad que muchos olvidan es que se puede trabajar en la sanación personal mientras se mantiene una relación sana. Esperar a estar sanado por completo antes de permitirse amar a alguien es llevar las cosas a un extremo innecesario. Nadie entra en una relación siendo un ser humano perfecto.

Estos son solo algunos de los principales bloqueos mentales y emocionales que impiden que la compatibilidad y la conexión florezcan en relaciones profundas.

Aceptar el reto del amor es la verdadera tarea de cualquiera que quiera cultivar una relación a largo plazo. Una vez que abandonas las ideas de que es fácil, perfecto y que no eres lo bastante bueno, puedes aterrizar en la realidad y darte cuenta de que el sentimiento de conexión puede ser el comienzo de algo de verdad especial. La conexión es una atracción magnética que da a dos personas la señal de que sí vale la pena invertir energía en el otro. Aunque puedas sentir miedo ante la vulnerabilidad y el posible dolor emocional con una nueva persona, o inquietud cuando surge una discusión, estas son oportunidades para crecer y resolver problemas o para entenderse mejor, en lugar de motivos para huir. Lo que tienes que recordar es que *el miedo puede impedir que florezca una conexión*.

Una relación no es un escape, es una forma profunda de llegada: una en la que, si quieres que tenga éxito, tendrás que enfrentarte a ti mismo con gran honestidad y dar a tu pareja un alto nivel de presencia para poder seguir alimentando la conexión que tienen juntos. En este caso, presencia significa escuchar con la intención de comprender, poner atención, energía, compasión, contacto visual, preguntas reflexivas, curiosidad por aprender más sobre la perspectiva del otro y estar dispuesto a mostrarse vulnerable. Darse mutuamente una presencia profunda es lo que eleva una conexión y permite que se convierta en un hogar que ambos encuentran enriquecedor. La presencia es necesaria para que alguien se sienta amado. Se necesita tiempo para que la magia de una relación se active por completo.

Debemos recordar que la conexión por sí sola no crea una relación increíble, pero sí lo hace el hecho de elegir afrontar juntos los miedos y los retos y aprender a cuidarnos el uno al otro. Siempre es necesario un periodo de aprendizaje en el que cada uno se centre de verdad en descubrir al otro para poder empezar a amarse bien. Huir siempre y elegir no comprometerse por completo con alguien maravilloso elimina la posibilidad de construir una relación bonita. Por supuesto, hay que asegurarse de que la conexión vale la pena, pero huir ante la primera señal de dificultad acaba con la posibilidad de un amor verdadero.

Retos inesperados

Mis amigos íntimos Soren y Cecily son una de las parejas que más me inspiran. La forma en que se escuchan mutuamente con profunda presencia y se tratan con genuina compasión es el mejor ejemplo de cuidado activo. Se puede ver el amor brillar con intensidad cuando sus miradas se cruzan, y se nota que ambos han dedicado mucho tiempo a trabajar en sí mismos, gracias a su temperamento equilibrado. Es una alegría estar en su presencia y beneficiarse de su atención tranquila y centrada. Cecily y Soren se encontraron en la vida en la mediana edad, cuando ambos ya tenían hijos de matrimonios anteriores y carreras exitosas.

Las relaciones están llenas de retos inesperados. Un año y medio después de que Soren y Cecily comenzaran a salir, Cecily recibió la terrible noticia de su médico de que tenía cáncer de mama. Después de enterarse de ello, ella dedicó tiempo a procesar cómo afectaría esto a su vida, a sus hijos, a su trabajo y a su relación.

Durante la cena, le dijo a Soren que no tenía por qué quedarse con ella. "Entendería que no quisieras compartir tu vida conmigo", le dijo. Soren le respondió con sinceridad y rapidez que nunca se le había pasado por la cabeza dejarla en un momento tan crucial. La forma en que pronunció esas palabras hizo que Cecily creyera en él de inmediato. Se sorprendió por su devoción porque aún estaba procesando un profundo desaprendizaje en torno a las relaciones amorosas; hasta ese momento, le había resultado difícil comprender que una relación de pareja no tenía por qué ser transaccional.

Esa cena fue un gran momento de vulnerabilidad para ambos. Soren le hizo saber a Cecily que confiaba profundamente en ella y que, si alguna vez le sucedía algo en el futuro relacionado con su salud, confiaría en ella para tomar decisiones por él. Escuchar esto tuvo un impacto muy dramático en Cecily. Ver la verdadera profundidad de su conexión hizo que Cecily sintiera que la amaban de una manera que nunca antes había sentido, de forma más desinteresada y completa.

En esa cena, ambos se comprometieron profundamente el uno con el otro a seguir adelante como pareja. Aunque el futuro estaba lleno de incógnitas e imperfecciones, estaban dispuestos a hacer frente a todo como un equipo. Ambos estaban redoblando de forma intencionada su amor. Por fortuna, hoy en día Cecily está mucho mejor de salud y, juntos, ella y Soren siguen aprendiendo y practicando el amor incondicional.

Las relaciones son un compromiso para viajar juntos por la vida. Habrá momentos que serán del todo inesperados. Surgirán retos que los pondrán a prueba profundamente como individuos y como pareja. Estar ahí el uno para el otro para compartir tanto los mejores momentos como los peores es una de las formas más elevadas de amor.

Las personas que se preocupan por crecer
y desarrollar su inteligencia emocional
son héroes silenciosos.

Un pasado difícil no los ha detenido;
más bien, es la fuente de su inspiración
para tratarse a sí mismos y a los demás con amabilidad.

Cada relación es increíblemente única, pero hay algunos retos comunes a los que muchos de nosotros probablemente nos enfrentaremos, como el ego, la velocidad del crecimiento, el hecho de no crecer exactamente de la misma manera, los desencadenantes de nuestra pareja, la confianza y la comparación en la era de las redes sociales, que merecen un análisis más detallado.

Ego

El objetivo principal del ego es la supervivencia y, para lograrlo, se defenderá, a veces de forma ciega. Cuando dos seres humanos están cerca el uno del otro, existe la posibilidad de que se produzcan fricciones. Por naturaleza, los egos son duros y les cuesta aceptar la responsabilidad de sus errores. El ego prefiere culpar a los demás, ya que es más fácil ver los defectos de los demás que aceptar su propia responsabilidad y la necesidad de crecer personalmente. El ego vive desde una perspectiva propia; experimenta la realidad como si fuera el centro de todo, lo que le dificulta ver más allá de sus propias percepciones. El ego también se deja engañar con facilidad por su percepción, ya que considera que su perspectiva es la auténtica, en lugar de una corriente de información confusa.

Lo que sentimos y lo que sabemos se filtra a través del ego, por eso crear un espacio que acoja la vulnerabilidad y asuma la responsabilidad de los errores es una tarea que requiere un esfuerzo real. El ego es muy bueno juzgando y procesa las situaciones a través de su entramado defensivo, ya que su propósito es la supervivencia. Pero si entras en una relación con una mentalidad orientada a la supervivencia, no tardarás en ver a tu pareja como un rival o, lo que es peor, como un enemigo. Si el ego está siempre atento al peligro y está a la defensiva, puede tergiversar fácilmente la información que procesa y construir una narrativa en la que crea que existe una amenaza que en realidad no es tal.

Superar las limitaiones del ego es una tarea enorme, no solo por tu propio bienestar y tranquilidad, sino también por el bien de crear armonía y nutrir las relaciones en tu vida. El ego dificulta la comunicación contigo mismo y con otras personas. Enseñarte a ti mismo a abandonar la forma en que te aferras a tus pensamientos y comprender que los pensamientos no son hechos, sino solo percepciones, te ayudará a analizar lo que es valioso y lo que no lo es.

Tu ego también quiere que tu relación gire solo en torno a ti, pero las relaciones no consisten en obtener todo lo que deseas, sino que son una mezcla de dar y recibir. En realidad, se trata de crear un balance en el que ambas partes se sientan vistas, comprendidas y amadas. Tratar de obtener todo lo que quieres en una relación genera una situación de dominio, en la que tu apego a lo que anhelas es más fuerte que el impulso de apoyar la felicidad de tu pareja. Centrar tu energía en tratar de controlar los resultados elimina la diversión y la libertad de una relación y por el contrario la llena de tensión.

Sabes que el amor que sientes por tu pareja es real cuando deseas sinceramente verla feliz y te sientes cómodo dejándola que tome las riendas para llevar la relación de forma equilibrada. Tratar tu relación como algo que están creando de forma conjunta puede hacer que el viaje de diseñar sus vidas sea más alegre. Parte de sentirte realizado como individuo es encontrar espacios en los que puedas ejercer tu poder de forma saludable. Esto es especialmente importante en la seguridad de tu relación. Puede ser algo tan simple como turnarse para decidir qué cenar, cómo pasar el fin de semana, dónde ir de vacaciones, etcétera. Para las decisiones importantes, como dónde quieres vivir o si quieres tener hijos, es muy importante que ambos miembros de la pareja estén de acuerdo. Es posible que, en todas las decisiones, una de las partes se someta a la otra cuando existe confianza y no tiene una opinión muy marcada al respecto, pero incluso en estas situaciones debería haber la oportunidad de aportar su granito de arena y llegar a un acuerdo. Saber que la relación pertenece por igual a ambos individuos refuerza la sensación de hogar.

Cuando los dos expresan lo que quieren, les ayudará a ver en qué pueden ceder para que el otro pueda recibir. Esta comunicación constante les ayudará a evitar que sus egos tomen el control con demasiada frecuencia.

Velocidad de crecimiento

Cuando se está en una relación en la que los miembros de la pareja abrazan su crecimiento, puede resultar complicado aceptar que las personas crecen a distintos ritmos y, a veces, en direcciones diferentes. Aunque los dos estén trabajando para desarrollar cualidades similares, eso no significa que vayan a llegar a puntos victoriosos en los que vean que todos sus esfuerzos dan sus frutos al mismo tiempo.

La principal diferencia aquí es que ambos pueden tener objetivos similares, pero el contenido de su mente en el que están trabajando para descondicionar no es el mismo. La carga de patrones que cada uno lleva, cuántas veces han sido heridos, la magnitud del trauma, la forma en que fueron criados y todo el condicionamiento que adquirieron a lo largo de su vida será diferente para cada uno. El contenido de tu mente es único para ti.

Tomarse en serio la sanación no significa que este proceso vaya a ser rápido; de hecho, no debe apresurarse. Sobre todo, cuando el daño es profundo, tendrás que soltar y reencuadrar repetidamente tu mente hacia formas más productivas de pensar y percibir. Del mismo modo que los patrones de comportamiento y los hábitos que deseas cambiar se crearon a partir de la repetición, las cualidades que deseas desarrollar también deben repetirse muchas veces hasta que terminen por afianzarse y se conviertan en una parte natural de tu nuevo yo.

Acepta que el viaje interior de tu pareja es suyo. Puede que se necesite mucho tiempo para que los patrones que desean deshacer desaparezcan por completo. Tal vez haya momentos en los que ambos compartan un objetivo y tú lo alcances mucho antes que tu pareja; mientras él o ella sigue intentándolo, lo único que puedes hacer es ofrecer tu paciencia. O tal vez tú llegaste a la relación con una cualidad ya desarrollada en la que tu pareja todavía está trabajando.

A Sara y a mí nos encanta crecer, pero hemos aprendido que nuestros viajes no siempre coinciden. Cuando empezamos a asistir a cursos de meditación, pronto nos dimos cuenta del valor y el impacto de la meditación. Me impresionó tanto el hecho de que mi mente se sintiera más ligera y menos desorganizada que quise llevar el experimento de la meditación a otro nivel e incorporarlo a mi vida diaria. La constancia de la práctica diaria de la meditación puede ayudar a consolidar los cambios positivos en tu vida y llevarlos aún más lejos. Empecé a meditar dos horas al día en marzo de 2015. Sara estaba realmente intrigada y me apoyaba, pero aún no estaba lista para incorporarlo a su vida, ya que sentía que con su trabajo a tiempo completo y los desplazamientos sería demasiado. En ese momento, mi horario era mucho más flexible.

El objetivo de meditar dos horas al día surgió de mi interés por hacer un curso de meditación silenciosa de veinte días; uno de los requisitos para poder participar era hacerlo de forma constante durante dos años. Había asistido a algunos cursos de diez días y me habían entusiasmado de verdad, así que tenía curiosidad por saber cómo sería un curso de veinte días. Sabía que había obtenido mucho de la meditación Vipassana y me sentía preparado para profundizar en mi determinación e incorporar esta valiosa técnica a mi vida diaria y prepararme para un curso de veinte días. Me gustaba el enfoque sistemático del desarrollo gradual y me alegraba de que se me hubiera marcado un camino a seguir.

Sara y yo habíamos expresado nuestro interés por meditar a diario en el pasado, pero nuestros primeros intentos no prosperaron. Es un compromiso enorme de verdad. Esta vez, a medida que pasaban las semanas, ella vio que yo no me rendía y tuvimos una conversación profunda. Me dijo que aún no estaba lista para sentarse dos horas al día y que quería intentarlo con una hora. Encontró su propio objetivo y se mantuvo firme.

Al principio hubo un poco de tensión entre nosotros, por estar en espacios diferentes con respecto a la meditación. A los dos nos encantaba, pero necesitábamos avanzar a nuestro propio ritmo cuando se trataba de dedicarle más tiempo. Fue un reto, porque nos gusta avanzar al mismo ritmo, pero tuvimos que aprender a soltarlo y aceptar que cada uno estaba haciendo lo que era adecuado para su proceso individual. Después de incorporar con éxito una hora de meditación cada día durante nueve meses, Sara comprobó por sí misma que era posible hacerlo con su horario y que aún le quedaba tiempo para relajarse y ver la televisión. Tras demostrarse a sí misma que la práctica diaria era factible, en marzo de 2016, comenzó a meditar dos horas al día. Pude ver que había logrado una gran victoria personal al descubrirlo por sí misma, algo que no habría ocurrido si la hubiera presionado. También me siento de verdad muy agradecido de que Sara me apoyara tanto y no me pidiera que esperara a que ella estuviera preparada.

Fue una época de grandes cambios para nosotros. Con la marihuana nos pasó algo parecido. Los dos fumábamos en la universidad. A mediados de nuestros veinte empezamos a hablar mucho de que estábamos cansados de ella y que ya no nos gustaba tanto. Para entonces, yo ya había dejado las drogas duras, pero seguía bebiendo y fumando y, ocasionalmente, consumiendo psicodélicos. Fumar marihuana era una parte integral de nuestras vidas, algo que hacíamos a diario, y era un medio de comunicación para nosotros y para relajarnos y pasar el rato. Fumar nos acompañó desde el principio de nuestra relación; por eso, durante mucho tiempo no lo cuestionamos, porque era algo muy normal para nosotros. Empecé a darme cuenta de que la marihuana me nublaba la mente y me ponía nervioso. Sara notó que la dejaba agotada y le daba una sensación de resaca.

Después de unos meses de hablar sobre el tema, decidimos juntos dejar de fumar y ver cómo era la vida sin fumar. Para mí, el reto era bastante intenso. No me había dado cuenta de lo mucho que mis interacciones con los amigos y mi vida en general estaban condicionadas por fumar marihuana. Era parte de todas las situaciones que consideraba divertidas en aquel momento. Durante el tiempo que duró la pausa, me di cuenta de lo mucho que dependía de ella en las situaciones sociales. Sentía que faltaba algo en la mayoría de mis interacciones diarias. También fue un *shock* para los amigos con los que siempre fumaba. Para ellos, y para mí, fumar juntos era como un ritual silencioso que teníamos, y no participar en él me hacía sentir como si estuviera haciendo algo malo. Tenía miedo de no formar parte del grupo porque estaba eligiendo algo diferente. No fumar me creaba mucha tensión.

Después de unos meses sin fumar, yo me sentía bastante estresado, pero Sara estaba bien. De hecho, le encantaba. Sentía que tenía más energía que nunca y que ya no le agobiaba esa sensación de agotamiento. Disfrutaba de su claridad mental y de su nueva capacidad de concentración. Dejar la marihuana no le resultaba estresante. Ella estaba preparada para dar este paso, pero yo no.

Darnos cuenta de que estábamos en diferentes lugares en este tema nos resultó difícil. A ella le gustaba la idea de desarrollar una nueva manera de ser juntos sin la marihuana, y yo sentía que necesitaba volver a ella. Con toda honestidad, tenía mis dudas. Me gustaba que fumar formara parte de mi vida, pero no me gustaba cómo me hacía sentir. Me gustaba que facilitara las interacciones sociales, pero no me gustaba que me hiciera sentir ansioso cuando fumaba solo. Después de valorar lo que me gustaba y lo que no, decidí que quería volver a fumar durante un tiempo para ver cómo era la vida con ello una vez más. A Sara no le gustó mi decisión y, la verdad, a mí tampoco me gustaba mucho, pero le agradecí que me diera espacio para seguir mi propio camino.

Empecé a fumar de nuevo y enseguida sentí que no era para mí; de verdad, no me gustaba cómo me hacía sentir. Lo hice durante unos meses y recuerdo que estuve de bastante mal humor durante esa experiencia. ¿Por qué hacía algo que no me gustaba? ¿Era solo porque era un patrón familiar? Sí. Pero aprendí una gran lección en esos meses. El malestar que me producía era tan grande que supe que valía la pena asumir el reto de encontrar nuevas formas de conectar con mis amigos, de no tener miedo a hacer cosas nuevas con ellos o de tener conversaciones profundas con ellos sin tener la mente en estado alterado. También aprendí que a veces hay que volver a caer en un patrón negativo para recordar lo superado que está.

Para entonces ya había asistido a varios cursos de diez días y podía ver que la meditación expandía mi mente y mejoraba mi comprensión de mí mismo y del universo de una manera que la marihuana y los psicodélicos no podían. Sentía que los psicodélicos me exponían fugazmente a algunas verdades, pero cuando su efecto desaparecía, esas verdades parecían más una especulación intelectual que una experiencia genuina y sentida que se integrara plenamente en mi ser. La meditación dejó un impacto mucho mayor y más duradero que transformó mi comportamiento y aclaró mi percepción del mundo. Las verdades universales que descubrí a través de la meditación cambiaron mi vida, y esta vitalidad se mantuvo y se intensificó cuando empecé a incorporar la meditación a mi vida cotidiana.

Meditar me hacía sentir que llegaba a profundidades increíbles, y la marihuana y los psicodélicos mantenían mi mente en una cierta densidad que yo estaba listo para superar. Por supuesto, esta es mi experiencia personal, pero me parece correcto escribir sobre ella con franqueza. Probé fumar y varios psicodélicos antes de experimentar con la meditación, y con sinceridad me ayudaban a expandir la mente, pero cuando probé la meditación Vipassana, esas experiencias quedaron en nada.

Durante los pocos meses que volví a fumar, Sara fue muy paciente conmigo. Fue un verdadero reto para los dos, porque pasábamos tiempo juntos, pero nuestras mentes estaban viviendo experiencias diferentes. Después de un tiempo, supe que en lo más profundo de mi corazón había superado esa etapa y estaba listo para construir una nueva vida sin ella. Sara se alegró en silencio cuando se lo conté y me apoyó mientras navegaba por la vida sin sustancias.

En ambas experiencias, avanzábamos a ritmos diferentes y, aunque los dos queríamos estar en el mismo lugar, habría sido deshonesto y contraproducente obligarnos a estar en un lugar para el que no estábamos preparados. Estoy agradecido a nuestros yo del pasado por ser sinceros sobre cómo nos sentíamos realmente, porque eso nos ayudó a construir una cultura entre nosotros que, en última instancia, es más tolerante y apoya los cambios, aunque no sean sincronizados.

Crecer de formas distintas

Muchas veces, uno de los miembros de la pareja puede estar más interesado en la sanación y el desarrollo personal que el otro. Esto no es un problema, pero es difícil aceptar esta realidad. A lo largo de los años, he visto muchas parejas que funcionan muy bien, incluso cuando ambas personas tienen aficiones e intereses muy diferentes.

Aunque a tu pareja no le interese la meditación, la terapia u otras formas de autoanálisis, eso no significa que esté viviendo mal. Todo el mundo puede beneficiarse del cultivo personal, pero eso no significa que todos tengamos que hacerlo de la misma manera. Si tu pareja puede aportar su granito de arena para crear un entorno enriquecedor y satisfactorio, si te sientes feliz en su presencia y confías en ella como amante y mejor amiga, entonces no es necesario que evolucionen exactamente de la misma manera.

Lo importante es que, si sientes que puedes beneficiarte de la sanación y el desarrollo personal, te comprometas con ello y sigas el camino, aunque nadie te acompañe en el viaje. Hay un inmenso beneficio en el cultivo interior, y verás los frutos de tu esfuerzo en la forma en que mejora tu mente, tus interacciones con los demás, tus relaciones significativas y tu vida.

Una pareja amorosa te apoyará en lo que es bueno para ti, aunque ella no participe. Tú y tu pareja no necesitan ser gemelos para amarse bien. Pueden apoyarse mutuamente en sus diferentes esfuerzos y seguir teniendo muchos puntos en común en el hogar amoroso que han creado juntos.

Conocer los desencadenantes de tu pareja

En una relación seria es necesario comprender los desencadenantes del otro. A medida que se vayan conociendo más y más, quedará claro que la vida no ha sido fácil para ninguno. Nadie vive la vida sin haber pasado por algún tipo de daño o sin haber desarrollado algunos hábitos y patrones perjudiciales. Incluso en sus momentos más hermosos, la vida puede ser estresante. Los desencadenantes son momentos o experiencias de nuestro pasado que influyen enormemente en nuestra percepción actual. Cuando nos encontramos con algo parecido a lo que vivimos en el pasado y que nos recuerda ese momento terrible, surge la misma reacción intensa como mecanismo de defensa o como forma de autoprotección. A veces la defensa es necesaria y otras veces es del todo injustificada porque la mente percibe un peligro donde no lo hay.

Lo difícil es que no somos terapeutas de los demás. No somos personas entrenadas para manejar el trauma de otra persona. Somos simples compañeros que se aman. Lo único que podemos hacer es esforzarnos por comprender el terreno emocional del otro, para equiparnos mutuamente con la mayor cantidad de información posible sobre por qué somos como somos. Esto es muy importante en las relaciones a largo plazo. Tener el valor de acompañarnos mutuamente a través de nuestras historias emocionales requiere mucha fuerza, pero es necesario si queremos tener la posibilidad de amarnos bien.

Comprender los desencadenantes de alguien no significa tener que caminar de puntitas cuando estamos a su alrededor o consentirlo. Significa estar bien informado para poder sostener con habilidad y delicadeza la vulnerabilidad del otro cuando se atraviesan momentos difíciles o se tienen conversaciones profundas. Cuando el corazón está abierto en momentos de vulnerabilidad, es muy valioso recordar los puntos desencadenantes de tu pareja para poder tratarla con compasión.

Cuando tu pareja decide hacer un trabajo de sanación para superar sus desencadenantes, asegúrate de apoyarla para que avance a un ritmo que le resulte adecuado. No es el momento de "ponerla a prueba" de forma innecesaria. Ella debe explicar claramente con qué se siente cómoda y cómo le gustaría que la ayudaras. Tú no eres el *coach* de tu pareja y, de hecho, cuando se trata de un trabajo de sanación profundo, es mejor contar con la ayuda de profesionales para poder manejar con éxito este proceso tan delicado.

No puedes obligar a tu pareja a cambiar o a iniciar la sanación de la forma que tú deseas. Aunque creas saber lo que es mejor para ella y veas una forma clara de que se enfrente a sus problemas internos o a su dolor pasado, no sirve de nada presionar a alguien para que haga un trabajo que solo él o ella puede decidir si está preparado para realizar. Por supuesto, puedes hacer sugerencias y compartir lo que te ha ayudado, pero cada persona necesita recorrer el camino de la sanación por sí misma, por su propia voluntad. El amor se basa en la libertad; esto implica que debes apoyarte en tu aceptación y paciencia si estás comprometido a crecer juntos. Ninguna relación está exenta de conflictos o momentos difíciles, sobre todo porque cada persona crece y experimenta la sanación a un ritmo diferente. Al mismo tiempo, nada debe llevarse al extremo. Darte cuenta de que has esperado lo suficiente y que te beneficiaría estar solo o encontrar una nueva pareja que tenga o esté trabajando para conseguir las cualidades que buscas es algo que debe surgir de tu propia intuición y razonamiento. La acción correcta debe surgir de tu interior y debe ayudarte a equilibrar tu vida.

Construir, romper y recuperar la confianza

La confianza es uno de los pilares fundamentales de todas las relaciones. Una base de confianza nos permite abrirnos y mostrarnos vulnerables, lo que nos ayuda a compartir nuestra personalidad completa y compleja con otra persona. La confianza significa que no nos sentiremos juzgados ni amenazados cuando admitamos un defecto o un miedo. La confianza permite a los seres humanos ser imperfectos y sentirse apoyados en el proceso de crecimiento y de cometer errores. La confianza también significa que podemos sentirnos seguros de nuestra pareja y de su compromiso con nuestra relación. Nos permite relajarnos y sentirnos a gusto en nuestro hogar y en nuestras vidas. La confianza crea un espacio para que más cosas sean posibles, más creatividad, más crecimiento, más alegría, más satisfacción.

Pero la confianza debe construirse y ganarse poco a poco, en un proceso gradual que se demuestra con acciones, y no solo con palabras. A medida que su relación crece y se consolida, también debe hacerlo la confianza mutua. Hay muchas formas de generar confianza, pero la principal es mostrarse siempre atento y cariñoso con la pareja. Prestarle atención, escucharla, aceptarla tal y como es y estar ahí para ella. Abrirse a tu pareja con vulnerabilidad es otra forma de generar confianza. Cuando eres capaz de abrirte a tu pareja a pesar del miedo y la tensión que eso puede provocarte, has creado una gran oportunidad para tu relación. La coherencia es clave para generar confianza.

Es esencial cumplir con lo que te has comprometido a hacer. Ser honesto y no ocultar cosas a tu pareja es primordial. Es importante establecer esto desde el principio de la relación y se aplica incluso a las pequeñas mentiras piadosas. Si te reprimes o mientes a tu pareja por miedo a herir sus sentimientos, en realidad estás dañando más el vínculo al no permitir que se desarrolle la confianza plena.

Cuando la confianza brilla por su ausencia o se rompe, se crea una dinámica de miedo e inseguridad que puede provocar tensión y daño. Esto le quita comodidad a la relación y amenaza la viabilidad a largo plazo de la pareja. Si no puedes confiar en tu pareja, se pierde la intimidad y se sustituye por la decepción y el miedo. He visto muchas relaciones maravillosas terminar cuando se rompe la confianza. Es bueno tener límites y no permitir que te maltraten, pero al mismo tiempo, no debes esperar que tu pareja sea perfecta y nunca cometa errores.

Creo que, en muchos casos, la confianza se puede recuperar y reconstruir *si* ambos miembros de la pareja lo desean de verdad y trabajan para ello con paciencia: si se asume la responsabilidad por la transgresión, lo que a menudo tiene que ocurrir varias veces; si se restablece una comunicación abierta y honesta; si se llega a la raíz de por qué se rompió la confianza, en lugar de quedarse solo en la superficie de lo que ocurrió. Si se puede tratar a la pareja con compasión y comprensión, sin castigar sus malas acciones. Si se puede ver a la pareja como un ser maravillosamente complejo e imperfecto que comete errores, pero que los reconoce y aprende de ellos. Todas estas condiciones pueden conducir a la construcción de una confianza aún más profunda y sólida. Pero esto lleva tiempo. *No es una debilidad darle a tu pareja una segunda oportunidad con responsabilidad*. Aunque en algunos casos, sobre todo cuando ninguna de las dos personas quiere esforzarse o la transgresión es demasiado profunda, la relación no se puede salvar.

Si en el pasado se ha roto tu confianza, esto puede hacer que te mantengas a la defensiva con los demás y esperes que te hagan daño de la misma manera. Es necesario reconocer y afrontar este patrón, comunicarlo abiertamente a tu pareja y tratarlo con delicadeza y paciencia.

La comparación y el efecto de las redes sociales

A la mente le encanta comparar y, ahora que vivimos en la era de la conexión digital, tiene más cosas con las que compararse que nunca. Esto no solo es peligroso para nuestra salud mental, sino que también puede ser perjudicial para nuestras relaciones. Es fácil olvidar que nuestros amigos, familiares y las celebridades que seguimos comparten principalmente lo mejor de sus vidas. El flujo constante de información que recibimos en nuestros teléfonos es, muchas veces, lo mejor de lo mejor, y eso puede crear expectativas muy poco realistas sobre cómo debería ser la vida cotidiana.

Cuando ves videos de las relaciones de otras personas, todas las risas y las vacaciones perfectas, puedes llegar a desear lo mismo para tu vida. El deseo no es exigente; toma cualquier idea atractiva, se adhiere a ella y la utiliza como medio para crear tensión en la mente.

La realidad de las relaciones no podría ser más diferente de lo que se ve en internet. Las relaciones tienen muchos momentos alegres, pero también muchos tranquilos, aburridos y difíciles. Los grandes ascensos, los viajes bonitos, las bodas y los cambios importantes en la vida obtienen muchos más clics y visitas que hablar de la monotonía de ir a comprar o de las dificultades que suponen las deudas.

Desplazarse constantemente por la pantalla puede hacer que subestimes lo que tienes y que anheles cosas que son totalmente innecesarias. Además, puede hacerte ver diferencias en tu relación que son solo producto de tu imaginación.

Además, cuando te interesa el crecimiento personal y sigues a terapeutas y otras personas dedicadas a la autoayuda, debes tener cuidado de no intentar convertir tu relación en un proceso perfecto. A pesar de todo lo que estoy escribiendo aquí, el objetivo no es cómo amar perfectamente, sino cómo amar mejor. Y "mejor" seguirá incluyendo desorden, días malos y falta de claridad que alguien ajeno a tu relación no podrá resolver. Dependerá de ti y de tu pareja encontrar soluciones que solo funcionen para ustedes. No busques la perfección, busca mejorar.

Ten cuidado con la terminología que se vuelve temporalmente popular en internet. Las palabras terapéuticas pueden ponerse de moda rápidamente y entonces el ego puede intentar utilizarlas como arma en las conversaciones.

Si utilizas nueva terminología, asegúrate de que ambos la comprenden claramente y la comparten. Recuerda que, si no se entienden, será difícil alcanzar un nuevo nivel de armonía.

Hay mucha belleza en los momentos de una relación que nunca se harán virales. Las simples visitas al supermercado juntos, las bromas privadas que solo ustedes pueden entender, sentarse en silencio en el sofá o simplemente la pequeña alegría de descubrir un nuevo programa de televisión son más importantes para fortalecer la relación que una foto posada al atardecer. No todos los momentos tienen que ser transformadores y maravillosos. Si eso es lo que esperas de una relación, te perderás muchas de las pequeñas alegrías de estar vivo. La belleza de la vida se encuentra en medio la estridencia. Si puedes dejar de buscar emociones fuertes y aprender a vivir y disfrutar el momento presente, descubrirás que tu aprecio por tu pareja alcanzará un nuevo nivel.

No intentes imitar la relación de otra persona. Aunque las redes sociales hacen que sea fácil desear lo que no tienes, caer en la trampa de desear lo que no tienes en tu vida te llevará siempre a la insatisfacción. Encuentra el equilibrio entre apreciar tu relación tal y como es y hablar con tu pareja sobre las cosas en las que pueden trabajar para seguir haciendo crecer el amor que sienten el uno por el otro.

Amar bien a tu pareja a menudo
te pide avanzar a un ritmo más lento
cuando se siente abatida.

No la presionas para que lo supere.
Deja que atraviese sus emociones.
Pregúntale si requiere ayuda.
Aceptarlo tal y como es le ayuda a sanar.

Más allá del apego a la perfección

El afán por crear una vida de paz externa permanente revela un profundo apego a la perfección y una aversión a las situaciones desagradables. También evidencia una falta de comprensión del cambio, que está siempre presente y lo impregna todo. Puesto que el cambio es constante, esto abre la puerta a la incertidumbre, lo que en última instancia dará lugar a algún tipo de conflicto, incomodidad o desafío.

Cuando aceptas que el cambio es algo constante, te resulta más fácil renunciar a la inútil búsqueda del control total. Esto también lleva tu atención hacia tu interior y te muestra que, en lugar de gastar tu energía tratando de controlar el mundo exterior, es necesario que desarrolles el hábito de gestionar tus reacciones internas. Así, cuando las cosas se vuelven caóticas, puedes sentir la verdad de tus emociones temporales y, al mismo tiempo, elegir permanecer en tu paz.

Dos cosas pueden ayudar
a tu sistema nervioso:

Rodearte de personas bondadosas
y conscientes.

Desarrollar el equilibrio interior
para no reaccionar
a todo lo que te rodea.

En el mundo exterior hay demasiadas incógnitas y factores incontrolables, lo que significa que no es un lienzo que puedas pintar tú solo. Pero puedes conocerte lo bastante bien como para convertir tu mente en un hogar diseñado intencionadamente para crear los cimientos de amabilidad y compasión.

Las emociones difíciles vendrán y se irán libremente, pero conocer la verdad sobre el cambio debería ayudarte a manejar tus reacciones de una manera que te permita reducir la velocidad, no precipitarte a sacar conclusiones ni perder el control. Esto te permite descubrir cuál es la forma más hábil de lidiar con los desafíos que surgen, en lugar de limitarte a repetir comportamientos defensivos del pasado que, por lo general, suelen traerte más dificultades.

Los sabios no se apresuran ni intentan controlarlo todo; por el contrario, actúan de forma intencionada y comprenden que las reacciones impulsivas son un obstáculo para su paz.

Preguntas para reflexionar

- ¿Cuáles son los principales retos a los que te has enfrentado en tus relaciones? La próxima vez que surjan estos retos, ¿cómo puedes abordarlos de forma más productiva?
- ¿Estás poniendo la parte que te corresponde cuando enfrentas retos en tus relaciones?
- ¿Te comunicas con tu pareja de forma tranquila y adecuada cuando enfrentan un reto?
- ¿Esta relación es lo bastante sólida como para que puedas mostrarte vulnerable y bajar la guardia? Si no es así, ¿qué medidas puedes tomar para reforzar esa confianza?
- ¿Caes en la trampa de comparar tu relación con las relaciones perfectas que ves en internet? ¿Cómo puedes romper con este hábito?

9

Cuándo terminar una relación

Una de las decisiones más difíciles en la vida es decidir si la relación en la que estás es la adecuada para ti. Saber si debes terminar o cuándo hacerlo puede ser complicado, ya que los consejos que te dan las personas de confianza en tu vida son solo una perspectiva que debes tener en cuenta. La decisión final la debes tomar tú, ya que solo tú conoces los aspectos más complejos de la relación y solo tú puedes saber lo que sientes realmente en tu corazón. Quienes están fuera de la relación solo pueden tener una visión parcial, nunca tendrán la experiencia directa de los problemas y retos a los que tú y tu pareja se enfrentan.

Terminar una relación es un momento que cambia la vida. Es un momento en el que decides reformar una gran parte de tu vida y empezar de nuevo. No es una decisión que se tome a la ligera. Cada relación es única, cada una es un mundo y ninguna es exactamente igual a otra. Esta singularidad significa que cada ruptura tiene sus propias causas. Tomar una decisión tan importante requiere momentos de introspección seria para asegurarte de que tu decisión se ajusta a lo que es mejor para ti.

Aquí hay seis cosas que debes tener en cuenta al reflexionar sobre tu decisión:

1. **Cuando la discordia es constante e incesante.** Si siempre parece que no hay armonía ni alegría en tu relación, entonces algo está de verdad mal. Las relaciones nunca serán perfectas; siempre tienen sus altibajos. La diferencia aquí es si de forma constante sientes que vas pasando de un momento malo a otro. Cuando la alegría y la felicidad escasean y son difíciles de

conseguir, resulta difícil sentirse de verdad seguro o a gusto en una relación. El amor conlleva sus retos, pero también debería traer consigo una sensación de optimismo, conexión profunda y empoderamiento.

2. **Cuando tu intuición te dice una y otra vez que esta no es la pareja adecuada para ti.** La intuición suele manifestarse como un sentimiento y seguirá surgiendo hasta que sigas su guía o la reprimas por completo. La intuición es nuestra brújula interior; nos ayuda a vivir una vida de aprendizaje y plenitud. Si sientes continuamente que esta relación no es para ti, entonces es algo que vale la pena considerar. Esto puede suceder incluso cuando alguien es una buena persona y pareja, pero puede que no sea la persona adecuada para ti.
3. **Cuando ya no te sientes bien en sus brazos.** A veces, el cuerpo lo sabe antes que la mente. Cuando tu cuerpo ya no quiere estar cerca del suyo, es una señal que debes tener en cuenta. Aunque dos personas se amen, pero no sean muy cariñosas, seguirán sintiéndose cómodas y a gusto cuando estén juntas.
4. **Cuando el crecimiento y la evolución no son una prioridad.** Muchas relaciones pasan por momentos difíciles cuando uno de los miembros de la pareja, o los dos, se dan cuenta de que deben cambiar su comportamiento para contribuir a la armonía de la relación. En las relaciones, cada persona es un espejo del otro y muestra las formas en que debe crecer. El problema surge cuando uno de los miembros de la pareja, o ambos, hace poco o ningún esfuerzo por evolucionar. Si la relación parece una tormenta constante y ninguno de los dos intenta mejorar las cosas, o si solo tú te esfuerzas sistemáticamente, es posible que hayas llegado al límite de esta relación.
5. **Cuando no puedes mostrarte vulnerable con ellos.** Alguien que te ama debería estar muy interesado en tus emociones y debería entusiasmarse por conocerte mejor, aunque sea revelando las partes difíciles de tu historia. La vulnerabilidad crea cercanía y, sin ella, ambos permanecerán lejos el uno del otro. Si tu pareja no está abierta a tu vulnerabilidad, si sientes que no puedes compartir tu verdad con ella, entonces no será

posible sentirte a gusto en esa relación. Puede resultar bastante solitario cuando tu pareja no quiere escuchar tus emociones y tu yo interior.

6. **Cuando sientes que la vida te lleva en direcciones diferentes.** Hay algunas relaciones que están destinadas a durar un capítulo de tu vida, pero no toda tu historia. Esto ocurre muchas veces cuando las personas tienen que mudarse por motivos de trabajo o estudios. También pueden surgir grandes cambios en la vida que nos hagan cambiar drásticamente nuestras prioridades. A veces parece que alguien encaja bien en una fase de tu vida, pero no cuando se abre una etapa nueva. Incluso hay ocasiones en las que las personas siguen creciendo, pero sus cambios internos ya no encajan tan bien como cuando se conocieron. Está bien aceptar que han crecido por separado o que ahora se encuentran en fases diferentes e incompatibles de sus vidas.

La energía es así:
Ámame bien o déjame.

Antes de tomar una decisión definitiva sobre si terminar o no una relación, primero debes asegurarte de que no estás desechando una buena relación porque anhelas una perfecta. Los caprichos tienen un efecto insidioso y potente en la mente; te harán ver la vida que tienes y hacer que te parezca insuficiente.

El capricho es un hambre que nunca se puede saciar por completo. Cuando caes bajo la influencia del capricho, puede hacerte pensar que tu pareja no es suficiente cuando en realidad es una persona fantástica. Al capricho le encanta combinarse con el apego a la perfección. Te hará perseguir una vida perfecta, pero el peligro aquí es que puedes terminar desperdiciando una vida con la que otros sueñan solo para poder buscar la perfección.

El capricho te hará buscar algo mejor y más fácil. Te tentará a ver los retos en una relación como obstáculos. Incluso te hará olvidar que gran parte de la belleza que disfrutas de una relación llega después de que ambos superen juntos una tormenta. En medio de un momento de dificultad, los dos tendrán la oportunidad de conocerse mejor y de comprender que su amor mutuo es más importante que una discusión.

El capricho es una emoción egoísta por naturaleza que debe tratarse con prudencia y madurez. Incluso las aspiraciones aparentemente positivas, como dejar una relación para buscar el crecimiento y el desarrollo, pueden ser demasiado egoístas y tener su origen en el capricho. No es necesario estar solo o con una persona que siga un camino muy similar para poder progresar dentro de uno mismo. Asegúrate de no utilizar esto como excusa para eludir responsabilidades o salir de una situación en la que ya no quieres estar. Es muy importante ser honestos con nosotros mismos y con nuestras parejas sobre las razones de fondo por las que queremos abandonar una relación y no encubrirlas con causas aparentemente nobles.

El amor no es esto:

Sentirse inquieto a menudo,
el caos, la inseguridad y la
emoción de la persecución.

El amor es esto:
Claridad, sentirse mirado, atención
tranquila y saber que
están comprometidos
el uno con el otro.

Antes de decidir separarte, asegúrate de que tu mente ha llegado a esta conclusión desde un lugar de equilibrio. Tratar de encontrar una nueva pareja que sea solo un poco mejor suele ser un gran error. Buscar continuamente la emoción de la fase de luna de miel de una nueva relación no te llevará a una satisfacción duradera. Esto puede convertirse en una búsqueda sin fin en la que acabarás persiguiendo la sensación de novedad en lugar de la sensación de profundidad genuina. La novedad viene acompañada de sentimientos de euforia, una gran alegría y entusiasmo, pero esa fase inicial no permite descubrir el verdadero valor de una relación. En última instancia, solo tú sabes si tu decisión nace de un capricho o de una necesidad genuina de empezar una nueva vida que, sin duda, será mejor para ti.

En una relación pueden surgir diferentes grados de discordia, que pueden ir desde la discordia normal y natural hasta la incompatibilidad y el abuso. La incompatibilidad puede no ser evidente hasta que se actúa efectivamente sobre lo que se percibe como una conexión genuina. Una vez que empiezan a pasar tiempo juntos de forma intencionada, pueden surgir grandes diferencias en su educación personal y cultural que les hagan sentir que nunca se comprenden del todo, o que sencillamente no son el uno para el otro. Sus personalidades y perspectivas nunca coinciden del todo, y lo que uno de ustedes percibe como normal puede ser totalmente nuevo y no deseado para el otro. Este choque de diferencias crea un entorno insostenible y, a veces, incómodo, hasta que uno de ustedes decide que es hora de alejarse. La incompatibilidad no proviene de la malicia, porque nadie tiene la intención de hacer daño, sino más bien de que ambos individuos viven en mentalidades y mundos que no se combinan bien. Aquí la clave es la intención.

El otro asunto que hay que mencionar es la sensación de inseguridad en una relación. Cuando te sientes inseguro emocional o físicamente, es una clara señal de que es hora de seguir adelante, aunque haya sentimientos profundos de por medio. No hay ninguna razón válida para tolerar el maltrato, aunque esperes o desees que tu pareja cambie. Esperar a que tu maltratador cambie es una mentalidad sumamente peligrosa. En estos casos, lo mejor es alejarte de la situación o pedir ayuda a personas que quieres y en las que confías para que te ayuden a salir de una relación que te hace daño. Preservar tu salud mental y tu seguridad personal son elementos fundamentales del amor propio y el cuidado personal.

Es difícil mantener una relación
con alguien que no es consciente
de cómo proyecta la tensión de su mente
en sus interacciones diarias.

Antes de romper con alguien, es muy común consultar a las personas más cercanas. La familia y los amigos íntimos son sin duda algunas de las personas que mejor nos conocen, pero es importante recordar que nadie conoce tu situación tan bien como tú. Puede ser útil expresar en voz alta lo que tienes en mente. Pero la decisión de terminar o no una relación a veces es cuestión de cerrar los ojos y escuchar profundamente tu intuición. Ella te informará en qué dirección avanzar. Confiar en ti mismo y creer en ti como tu propio líder es una cualidad valiosa que debes desarrollar.

Temporal y significativo

Algunas de las relaciones más significativas no duran toda la vida. Se trata de momentos en los que nos relacionamos tan profundamente con otra persona que se produce un crecimiento profundo y nos da una orientación vital para seguir adelante en la vida. A veces compartes un capítulo de tu vida con una persona para que ambos puedan superar un obstáculo importante. No estaban destinados a estar juntos toda la vida, pero sí a ayudarse mutuamente a alcanzar un nuevo nivel. Nuestra sociedad tiende a dar más importancia a las relaciones que duran más tiempo y, sin quitarle mérito a la belleza de estas uniones, esto no siempre es verdad. Incluso las relaciones que duran semanas o meses pueden dejar un impacto innegable en la mente y el corazón. Ningún amor o cariño que hayas recibido se pierde. Al igual que las dificultades del pasado siguen teniendo un impacto en ti, también lo tiene el amor del pasado. Lo que importa no es el tiempo, sino la profundidad de la conexión y cómo esta afectó a ese capítulo específico de tu vida.

Aunque cada uno siga su camino, se ha forjado un vínculo inolvidable. Ocurre con frecuencia que alguien te parece genuinamente adecuado en un momento dado, pero luego se produce un cambio a medida que tu vida pasa de un capítulo a otro.

El amor verdadero tiene una cualidad atemporal. Puedes sentirlo en los momentos en los que tú y otra persona disfrutan tanto de la compañía del otro que el tiempo parece detenerse, aunque en realidad pasa muy deprisa sin que te des cuenta. Es como si los dos entraran en su propio mundo y lo que para los dos parecen minutos, en el mundo exterior son horas. Se trata de un acto profundo de presencia que resulta más factible cuando se ama profundamente a alguien. Le dedicas tanta atención que parece que el tiempo se detiene mientras le escuchas y conversas con él. Son momentos especiales en los que su conexión se desarrolla y cobra vida, en los que puedes sentir la atracción magnética de la chispa que los une. Cuando comprendes el poder del amor en un solo instante, es más fácil entender que una relación temporal puede tener un impacto poderoso en tu mente y tu corazón. Aunque ambos se encuentren en una encrucijada y tomen caminos separados, pueden mirar atrás y admitir con honestidad que esa unión fue formativa y les ayudó en su desarrollo personal. Tanto si consideran que una relación breve fue negativa como positiva, pueden sacar mucho provecho de lo que vivieron. Muchos tenemos relaciones o partes de relaciones de las que nos arrepentimos, pero aunque no podamos volver atrás en el tiempo ni borrar esa relación de nuestra mente, aún hay algo valioso que podemos obtener. Las relaciones indeseables pueden mostrarte lo que no quieres repetir en el futuro y ayudarte a aclarar qué tipo de cualidades buscas en una pareja. Es esencial comprender lo que no debes tolerar. El dolor que sentiste en el pasado puede transformarse en sanación y crecimiento, pero también puede aclarar tu brújula interior para que sepas lo que es bueno para ti y lo que no. Recordar una relación de la que te arrepientes y darte cuenta de cómo salieron mal las cosas puede ayudarte a construir una cultura de relaciones mucho más generativa con una futura pareja. De una manera muy directa, lo que no nos gusta nos ayudará a dar la bienvenida a lo que sí nos gusta.

Prolongar una situación

A menudo hace falta tiempo para darse cuenta de que la persona con la que estás ya no es la adecuada para ti. A veces, incluso puede que necesites más experiencias con ella antes de poder ver de verdad si seguir adelante juntos en la vida es lo correcto para ti.

Es común que, incluso cuando la respuesta está clara en nuestro corazón, sigamos sin dar el paso para terminar la relación y la alarguemos. Vivir en este estado, en una relación que sabes que no va a durar, es doloroso. En estos momentos, la vida se siente como una contradicción, la mente se siente pesada por la tensión y tus interacciones con tu pareja comienzan a sentirse a medias.

Se requiere mucho valor para cerrar intencionadamente un capítulo de tu vida y poder abrir otro. Cuando dos personas están juntas, entrelazan profundamente sus vidas, sobre todo si la relación ha durado años y quizá hay hijos de por medio. Vivir juntos puede parecer lo más seguro, por el simple hecho de que es lo que conoces. Algunas personas se quedan en una relación que no les gusta solo porque les resulta cómodo. Aceptas la comodidad en lugar de elegir el reto de reconstruir una vida más acorde contigo. Incluso cuando sabes intuitivamente que te espera una vida mejor, se necesita mucha firmeza para dar el paso hacia lo desconocido.

También hay relaciones en las que no hay nada especialmente malo en cómo te trata tu pareja, pero en las que sientes en tu interior que no es la persona adecuada para ti. En estos momentos, se necesita compasión para poner fin a la relación de forma definitiva y que ambos puedan seguir adelante. Las cosas tienen que romperse para poder ser sustituidas por otras mejores.

Dejar que una relación incompatible se prolongue es una injusticia para ti y para tu pareja. Aunque vivas cien años, la vida humana es muy corta en comparación con las escalas de tiempo cosmológicas. Desperdiciar tu tiempo con alguien que no sientes que sea adecuado para ti es injusto tanto para ti como para esa persona. Como te preocupas por ella, debes terminar la relación de una manera clara y amable, sin dejar a nadie confundido. Dejar que las cosas se prolonguen durante meses o años simplemente impide que ambos sigan adelante.

Alguien puede amarte profundamente,
pero si no tiene las habilidades emocionales
para cuidar la relación,
el camino será difícil.

La separación

Cuando hayas decidido con cuidado y reflexión que lo mejor es terminar la relación, es súper importante hacerlo de la mejor manera posible. Tratar de ser lo más comprensivo posible al romper es un objetivo realmente difícil, pero vale la pena. La realidad de la ruptura ya es bastante complicada, y si la manejas con habilidad, puede facilitar una mayor y más rápida sanación para ambos. Tratar de no criticar el carácter de tu pareja o culparla por completo puede ser de gran ayuda. Esfuérzate por decir la verdad sobre tu decisión de forma sincera pero tranquila, sabiendo que cada historia tiene dos versiones. Incluso intentar validar que lo admiras y lo amas, pero que simplemente no es la persona adecuada para ti, o que no es el momento adecuado, puede ser un gran paso adelante. No es fácil decepcionar a alguien a quien amamos, pero eso no debe impedirnos seguir adelante con el camino que creemos que es mejor. Reúne valor y sé valiente para seguir tu intuición.

Preguntas para reflexionar

- ¿Antepones las necesidades de tu pareja por encima de las tuyas en tu relación?
- ¿Cuál es tu estrategia para alejarte de una situación que ya no te aporta felicidad ni bienestar?
- ¿Hay espacio para que te quieras más a ti mismo dentro de tu relación? ¿Cómo?
- ¿Cómo puedes afrontar una ruptura sin causar más daño? ¿Cómo puedes abordar esta situación con sensibilidad y compasión?
- ¿Te da miedo seguir adelante aunque sabes que es lo correcto?

10

Recuperarse de un desamor

Vivir con el corazón abierto, dispuesto emocionalmente para conectar con los demás, conlleva riesgos. Cuando te enamoras y empiezas a construir un vínculo profundo con otra persona, el amor se convierte en algo más que un sentimiento, se vuelve una energía que da forma y moldea tu vida. Cuando una relación termina, sobre todo si no es lo que querías, el dolor de tener que crear una nueva forma de existir es considerable y, a veces, abrumador.

No solo tienes que enfrentarte a cambios materiales, como alterar tu rutina diaria, que solía estar estrechamente ligada a tu ex-pareja, sino que también tienes que lidiar con las emociones intensas que acompañan a una separación.

Cuando dos vidas que han avanzado juntas de forma intencionada durante un largo periodo deciden separarse, es inevitable que surja el dolor, ya que te ves obligado a renunciar a las partes de tu identidad que estaban conectadas con tu relación. Amar y ser amado por una persona concreta puede convertirse en una identidad a la que te aferras. Enfrentarte a la soledad y extrañar a alguien, que puede haber sido bueno o no para ti, es natural, ya que esa persona era una parte importante de tu vida. El hecho de apartar a un ser querido de nuestro corazón suele herir nuestro ego, que reacciona a la defensiva para protegernos. Al dejar de estar juntos, te ves obligado a reevaluar y reconstruir lo que significa el hogar dentro de ti mismo. Al dejar de estar juntos, no tienes más remedio que salir de tu zona de confort y adentrarte en lo desconocido.

Aunque el dolor es considerable, hay cuatro ideas clave que te ayudarán a sentirte renovado:

1. **Tu tiempo no ha sido en vano.** La energía que has dedicado a desarrollar la paciencia, a defenderte, a establecer límites, a mantener conversaciones difíciles y a mejorar tu capacidad para comunicar tus emociones son cualidades valiosas que te servirán en todos los aspectos de tu vida. Tener una pareja crea las condiciones para que te conozcas más a fondo, para que veas patrones de comportamiento de los que antes no eras consciente y para que comprendas mejor tus desencadenantes. Una relación, ya sea armoniosa o no, funciona como un espejo. La combinación de verte a ti mismo con claridad y aceptar el reto de crecer te ayudará a convertirte en una persona más hábil socialmente a largo plazo. Si analizas tu antigua relación con la perspectiva adecuada, habrá mucho que estudiar y aprender. Darte cuenta del valor que has obtenido de algo que ha terminado puede ser una profunda experiencia sanadora.
2. **Permítete llorar la pérdida de la relación, pero acuérdate de que no es el fin del mundo**. El dolor es real, pero, como todo lo demás en este universo, es impermanente. El dolor del corazón no puede durar para siempre, tendrá sus altibajos, momentos en los que lo sentirás más intensamente que otros, pero si lo utilizas como una oportunidad para renacer, tu dolor se convertirá en combustible para tu evolución. Deja que tu dolor te oriente hacia el hogar que necesitas fortalecer dentro de ti. No reprimas tus emociones, dales espacio para respirar, obsérvalas, siéntelas, deja que fluyan a través de ti, pero no te aferres a ellas.
3. **¿Qué es lo que buscas que puedas ofrecerte a ti mismo?** El dolor emocional debería ser el inicio de un periodo de amor propio. Es un momento en el que puedes convertirte en un mejor amigo para ti mismo. Pregúntate: "¿Cómo puedo tratarme mejor?" y sigue adelante con la activación del amor que te hace falta en tu interior. Construir un hogar dentro de ti mismo no se trata solo de aceptarte, sino también de reforzar los hábitos y los conocimientos que te ayudan a sentirte en paz en tu soledad. Sentirte pleno cuando estás solo significa que ya no hay distancia entre tú y tú mismo. Utiliza las emociones dolorosas

que sientes como un medio para conectar en mayor profundidad contigo mismo. Recuerda que la relación que tienes contigo mismo es la más larga y significativa que tendrás en tu vida.

4. **El valor de la amistad.** Cuando una relación se vuelve seria, dedicas mucha energía a ella y de forma inconsciente esa energía se resta de otras relaciones con amigos y familiares. Esto no se hace por dolo o descuido, sino que, en la mayoría de los casos, se debe simplemente a que construir una relación lleva mucho tiempo, y el tiempo no es ilimitado. La lección que muchos aprenden durante los periodos de desamor es que es más saludable cultivar las amistades de forma constante, tanto si tienes una relación como si no, porque la comunidad es una gran fuente de satisfacción. Cada persona de tu vida te ayudará a sacar a relucir un lado único de ti mismo, y esto se ve obstaculizado cuando centras tu vida en una sola persona. Haz saber a tus amigos que los aprecias, deja que te apoyen y busca formas de ayudarlos cuando lo necesiten. Las amistades son algunas de las relaciones más enriquecedoras que experimentarás en tu vida.

Replantea el desamor como una etapa de renacimiento,
una puerta hacia un nuevo y mejor tú.

Siente la tristeza, pero no dejes que te impida
aprender y evolucionar.

Mantén tu fuerza,
recupera tu autoestima
y avanza hacia una vida mejor.

Dado que una ruptura es, literalmente, una fractura, el final de un capítulo en tu vida, la única opción real es dejar que se convierta en un momento de renacimiento para ti. Es evidente que se trata de un momento de tristeza, pero también puede ser un momento en el que te mantengas firme en tu poder. El dolor es real, pero también lo es el potencial para que emerjas como una versión restaurada y revitalizada de ti mismo.

El primer paso fundamental es la aceptación; aunque puede que no sea lo que tú quieres, esta es la realidad, y hay que aceptar que esta separación está ocurriendo. Se necesitan dos personas dispuestas para mantener una relación y, si una de ellas ya no quiere continuar por cualquier motivo, no se puede forzar que siga adelante. Combatir esta realidad alargará tu dolor y no te permitirá seguir adelante. Mientras más pronto puedas aceptar esta verdad en tu corazón y en tu ser, más pronto podrás comenzar la sanación y seguir adelante. Aunque nuestra mente pueda aferrarse a este fuerte apego a la relación, hay que ser honestos con nosotros mismos y aceptar que aquello a lo que solíamos estar apegados ya no está ahí de la misma manera y que debemos dejarlo ir. Aceptar esta verdad es el primer paso esencial para seguir adelante y sanar.

Después de la ruptura, es importante que te serenes para poder reencontrar tu estabilidad interior. Esto puede llevar días, semanas o incluso meses, todo depende del tiempo que hayan compartido juntos y del dolor que sientas. Recuerda que, aunque hayas sido tú quien haya provocado la ruptura, puedes sentir mucho dolor y una gran sensación de pérdida. Si fuiste tú quien sufrió la ruptura, esto puede afectarte aún más profundamente. De cualquier manera, la necesidad de la sanación y de seguir adelante es evidente en ambos casos.

Recuérdate que no estás roto para siempre y que tu valor como ser humano no está en duda. Los sentimientos de inutilidad son comunes en este estado, pero no debes creer en ellos. Tu valor no lo determina lo que otras personas piensen de ti; tu valor es una fuente que brota de tu interior. La pesadez emocional, las lágrimas, la soledad, el sentimiento de arrepentimiento, toda esta confusión no durará para siempre.

Conforme recuperas el equilibrio y te sientes un poco más cómodo con este nuevo capítulo, bien vale la pena que te hagas algunas preguntas serias. Utiliza la autorreflexión como una forma de aprender más sobre ti mismo: ¿Qué salió mal? ¿Cómo puedes hacer las cosas mejor en el futuro? Este es el momento de reorientar tu historia. Aprovecha este período de autorreflexión para poder avanzar con una nueva sabiduría que te ayude a ser más intencional en la vida.

Seis preguntas para la autorreflexión después de una ruptura

1. **¿Qué narrativas has estado manteniendo que no te están sirviendo?** Las historias en tu mente que solían unir tu antigua relación deben ser desechadas de manera intencional. Desde luego que puedes vivir una vida maravillosa sin tu expareja. Eres lo suficientemente fuerte como para rediseñar tu vida y convertirla en algo hermoso. Cualquier narrativa en la que te veas necesitándolo para sobrevivir es falsa.
2. **¿Buscabas las cualidades equivocadas en una pareja?** A veces hay características que nos parecen atractivas, hacia las que nos sentimos atraídos, pero una vez que nos acercamos a la persona, descubrimos que esos rasgos no ayudan a construir un hogar satisfactorio juntos. ¿Qué cualidades son necesarias en una relación y deberías buscar en su lugar?
3. **¿Qué comportamientos tuviste en tu relación anterior que no quieres repetir en una relación futura?** Nadie es perfecto y las relaciones lo dejan muy claro. Tanto si fuimos nosotros quienes iniciamos la ruptura como si no, lo cierto es que todos tenemos cualidades que pueden crear fricciones. No se trata de que seas demasiado crítico contigo mismo, sino de que practiques la honestidad para poder avanzar con una mayor consciencia. Ser capaz de ver tus puntos débiles es el primer paso para superarlos.
4. **¿Te estás dando suficiente tiempo para sanar?** Permitirte pasar tiempo solo contigo mismo te aporta mucho poder y

crecimiento. Saltar de una relación a otra, sin un espacio sustancial entre ellas, hace que sea difícil ver que tú solo eres el creador de tu felicidad interior. Dedicar tiempo a cuidar tu jardín interior puede prepararte para una nueva era de prosperidad.

5. **¿Te sentías empoderado en tu última relacion?** Puede ser maravilloso construir una vida con otra persona, pero en ese proceso es importante no perderte como individuo. Es bueno que tengas tus propias preferencias, intereses, gustos y aversiones. Dos personas que se aman no están obligadas a moverse siempre juntas como una sola o a tener siempre las mismas opiniones. De hecho, las diferencias hacen que la relación sea más dulce y profunda si ambos las aceptan. Ahora que la relación ha terminado, ¿puedes volver a centrarte en tus intereses y pasiones individuales?
6. **¿Puedes encontrar la felicidad como individuo?** Esto es de vital importancia, porque si no somos capaces de ver la belleza de la vida mientras caminamos solos por la tierra, significa que existe una desconexión interna. Utilizar la consciencia y el amor propio para cerrar la brecha entre tú y tú mismo hará que cada parte de la vida sea más vibrante. Hazte amigo de ti mismo, sé tu propio alumno y maestro, practica el vivir el momento, no huyas de tus emociones, permítete disfrutar de la naturaleza y el silencio.

En tiempos en los que la bondad es menospreciada,
permite que tu corazón siga abierto.
Continúa ofreciendo tu amabilidad al mundo.
Actúa con bondad sin preocuparte
por lo que obtendrás a cambio.

Aunque la gente olvide lo que hiciste por ellos,
el universo no lo olvidará.

Sufrí rupturas sentimentales y he sido testigo de muchas de ellas entre amigos y familiares. Pueden ser momentos difíciles, sobre todo cuando se espera que sigamos con nuestro trabajo y nuestra vida como si nada hubiera pasado. Vivir juntos, compartir las finanzas y los hijos hace que las separaciones sean más difíciles, y he visto cómo se gestionan estos momentos delicados tanto con elegancia como con amargura. Perder el amor y el apoyo de la persona más cercana a nosotros ya causa suficiente dolor, por lo que deberíamos hacer todo lo posible para que no sea un proceso aún más doloroso. Aunque nuestro ego pueda verse herido, deberíamos evitar actuar por resentimiento o animosidad. A menudo, ser mezquino es una reacción al dolor y la tristeza, y al final no nos hace sentir mejor, sino que solo intenta hundir a otra persona y, a su vez, nos hunde a nosotros mismos. Y si nos sobrepasamos en el calor del momento, debemos pedir perdón. Una vez amamos a esa persona; quizá aún la amemos. Ser capaz de seguir tratándola con amor y respeto es una increíble muestra de madurez. Es posible llorar la pérdida y proteger tu corazón en estos momentos y seguir tratando a los demás con amabilidad.

Sanar el corazón roto

Aquí hay seis consideraciones que pueden ayudar en el proceso de sanación:

1. **Cada pequeño paso hacia adelante es una victoria.** El dolor hace que el tiempo se vuelva lento. A veces esto resulta doloroso porque la tendencia común es querer lanzarse a una vida nueva y mejor, pero aminorar el ritmo puede convertirse en una herramienta productiva. No conviene huir del dolor, porque eso solo hará que se multiplique en tu subconsciente y afectará de forma negativa a tus patrones de comportamiento. En cambio, conviene vivir cada día con conciencia plena, sin evitar lo que surge en tu interior, pero al mismo tiempo sin permitir que el dolor rija tus acciones. El simple hecho de estar

con tus emociones sin que ellas te dominen es una victoria que no deberías pasar por alto. Estos pasos lentos e intencionados con tus emociones también pueden trasladarse a otros aspectos de tu vida. Cada acción positiva que te alegra el corazón, cada conversación con un amigo que te recuerda que todavía hay mucha belleza que disfrutar en la vida, cada vez que recuerdas que cada momento de la vida es un nuevo comienzo... Todos ellos son sencillos pasos adelante que te revitalizarán.

2. **Permite que tu sanación tome el tiempo que necesite.** No existe una fórmula perfecta para la sanación ni un tiempo concreto para reparar el corazón y la mente. En la sanación, el tiempo ni siquiera es el factor más importante. Lo que más importa es que dediques tu energía a desentrañar, comprender y liberarte del pesado condicionamiento y el dolor que llevas contigo. Mediante la meditación, la escritura, la terapia o una vida intencionada, encontrarás un proceso que te ayude a sentirte renovado y más ligero. Asegúrate de que apresurarte o forzarte no forme parte de tu plan; la rapidez no es un signo de sanación o fortaleza. Deja que los altibajos sean una parte natural de tu viaje; no luches contra el hecho de que no todos los días serán buenos. Ten paciencia contigo mismo. Permítete respirar en cada momento. Sigue dirigiendo tu vida con la magia de tu intención; esto te ayudará a encontrar tu camino hacia adelante.
3. **Aplica lo que has aprendido.** Si lo miras de cerca, los desengaños y los finales siempre vienen acompañados de lecciones. Ya sea el final de un buen capítulo o uno del que te arrepientes, siempre habrá mucho que aprender. Muchas personas se quedan estancadas al ver un patrón dañino en sí mismas y no hacen nada para transformarlo en un comportamiento más hábil que favorezca su felicidad y su poder. Sé honesto contigo mismo, aprende cómo tu pasado afecta tu presente, pero luego usa esta información para implementar cambios específicos que hagan tu vida más brillante. A menudo, las relaciones amplían tu comprensión del amor, pero la comprensión no es suficiente; lo que aprendes debe refinar la forma en que practicas el amor.

4. **Reconecta con la gratitud.** Es fácil extraviarse en la tristeza, repetir en tu mente solo lo que ha salido mal y perder de vista todo lo bueno de tu vida. Aunque el dolor sea real y profundo, y crear una nueva vida para ti sea una tarea difícil, dedicar unos momentos a recordar genuinamente que hay cosas por las que estar agradecido puede ayudarte a equilibrar tu mente. Piensa en la forma en que puedes nutrir tu cuerpo con comida y agua, en la luz del sol que ilumina tu día, en lo lejos que has llegado en tu crecimiento y resiliencia, y en las amistades que te sostienen: hay muchas cosas que te recuerdan que hay belleza y magia en tu vida.
5. **Baja tus defensas.** Recuperarse de un desengaño amoroso puede parecer una ardua batalla. No solo tienes que encontrar formas de recuperar el equilibrio en tu corazón, sino que también tienes que bajar conscientemente la guardia para que las nuevas relaciones tengan la oportunidad de florecer. *Los comportamientos que antes te protegían cuando estabas con alguien que no sabía cómo cuidar adecuadamente de tu corazón pueden acabar convirtiéndose en muros que te impiden permitir que una nueva pareja te ame bien*. El dolor de un desengaño amoroso puede hacernos dudar a la hora de volver a intentarlo y arriesgarnos a sufrir el mismo dolor. Es difícil no volver al modo de supervivencia. Las adversidades de la vida hacen que sea fácil recurrir a patrones de comportamiento defensivos, pero vivir así puede hacer que la vida pierda su vitalidad.
6. **Entiende que el cambio no es tu enemigo, sino una oportunidad.** Aceptar el cambio es una de las lecciones más importantes que todos los seres humanos debemos aprender. Por lo general, nuestra relación con el cambio es conflictiva, ya que lo que queremos es que todo lo que nos gusta siga igual. Aunque la vida nos demuestre una y otra vez que es imposible que todo siga siendo tranquilo y perfecto, seguiremos esforzándonos por controlar todo lo que podamos con la esperanza de que la vida siga siendo placentera. Las separaciones son una de las rupturas más importantes que puede experimentar el corazón,

pero no siempre son una pérdida. En todo caso, son una clara señal de que algo iba mal y de que se trata de una oportunidad que debes aprovechar para crear una vida mejor. Recuerda que tu verdadero poder se expresa a través de las decisiones que tomas. No puedes controlar el mundo, pero puedes diseñar tu vida a través de tus elecciones deliberadas.

Preguntas para reflexionar

- ¿Te estás permitiendo sentir el dolor y la tristeza sin dejarte llevar por ellos?
- ¿Estás siendo paciente con tu proceso de sanación y apoyándote en prácticas que te ayudan en esta transición de tu vida? ¿En qué prácticas podrías apoyarte más?
- Ahora es un buen momento para centrarse en el amor propio. ¿De qué maneras puedes mostrarte amor, cuidado y atención?
- El fin de una relación no siempre significa un fracaso, ¿eres capaz de no tomártelo como algo personal?
- ¿Qué lecciones has aprendido de la relación que terminó?

11

Encontrar a la pareja adecuada

Las relaciones que se basan únicamente en la belleza y la lujuria no tienen los cimientos necesarios para una unión duradera. Para construir un hogar se necesita mucho más. Enamorarse de una persona significa sentirse atraído por sus gestos, su resiliencia, su brillantez y su humor, la forma en que se mueve por el mundo, las decisiones que toma, sus aspiraciones y valores y, lo más importante, la forma en que su ser se siente de forma natural a tu lado; estas son cualidades que no suelen ser visibles a simple vista. Es necesario querer conocer a alguien a un nivel más profundo para ver plenamente lo especial que es.

Tal vez te enamores de alguien por cómo es en ese momento, pero las relaciones maduras tienen espacio para que cada persona crezca y evolucione. La persona de la que te enamoras en un principio no seguirá siendo la misma durante toda la relación. Si la conexión es fuerte y sus compromisos han creado una relación segura y rejuvenecedora, no será difícil enamorarse una y otra vez. Parte de amarse bien significa conocer los nuevos aspectos de tu pareja conforme van surgiendo. Amar a tu pareja por lo que es ahora, en lugar de por la persona que conociste en un principio, mantiene la relación fresca y centrada en el presente.

Tu sistema nervioso se relaja
con personas que tienen esto:

Paz en sus ojos.
Crecimiento en sus planes.
Amabilidad en su forma de hablar.
Compasión en su percepción.
Madurez emocional en sus decisiones.

A la hora de iniciar una relación es importante ser flexible, ya que buscar solo la perfección o rellenar una lista no te permitirá valorar a cada persona. Al mismo tiempo, es fundamental equilibrar esta verdad con la seguridad de no rebajar tus estándares básicos a la hora de establecer nuevas relaciones. La disponibilidad emocional, la buena comunicación y el esfuerzo evidente son elementos vitales a la hora de saber si alguien es adecuado para ti. Incluso el inicio de estas cualidades puede ser algo con lo que puedas trabajar si la persona muestra un claro compromiso con el crecimiento. Desarrollar la madurez emocional es un proyecto que dura toda la vida. En especial cuando comprendes que "hacer el trabajo" es tanto para la pareja como para el desarrollo interior. Nadie lo tiene todo resuelto y quienes nos preocupamos por el crecimiento estamos en medio del desarrollo de los hábitos que necesitamos para mostrarnos como la mejor versión de nosotros mismos.

Las relaciones no suelen comenzar con una base sólida de madurez emocional por parte de ambos, sobre todo cuando se inician a una edad temprana. En el futuro será más habitual, ya que la sanación se está convirtiendo en parte integral de nuestra cultura global, pero ahora mismo se trata más bien de estar abiertos a crecer juntos de una manera enriquecedora y sostenible. No es razonable esperar la perfección de uno mismo o de otra persona, pero se pueden buscar cualidades sobre las que se pueda construir una relación sana, como la humildad, la apertura a los comentarios y el contacto con las propias emociones. Es necesaria la humildad porque sin ella no es posible crecer. Estar abierto a los comentarios es valioso porque, a través de la honestidad mutua, se crea un hogar seguro y vibrante juntos. El contacto con las propias emociones es esencial porque es necesario conocerse y aceptarse profundamente a uno mismo para poder amar bien a la pareja.

Otra gran cualidad que hay que buscar es la capacidad y el deseo genuino de comprometerse. Con todo lo que tenemos al alcance de la mano y la posibilidad de establecer conexiones infinitas, a algunas personas les cuesta sentar cabeza porque tienen demasiadas opciones. No querer comprometerse con una sola persona demuestra que están atrapadas en un bucle en el que buscan siempre algo nuevo y emocionante, como la fase de luna de miel, y se resisten a las partes más serias y desafiantes de una relación que conducen a una intimidad más profunda. No es alguien con quien puedas solucionar problemas o construir una base sólida. Es algo que deben resolver por sí mismos, y no debes tomártelo como algo personal ni involucrarte. Es cierto que la fase de luna de miel no dura para siempre, y que las relaciones están llenas de diferentes etapas y momentos bajos, pero el amor constante y fiable y la profunda sensación de seguridad que se obtiene del compromiso superan con creces esta euforia temporal.

Objetivo:

No fuerces más las cosas.
Deja que tu energía hable por sí misma;
atraerá a las personas adecuadas
y las situaciones correctas.

Céntrate en mostrar
tu versión más auténtica y
todas las cosas se alinearán.

La intuición me ayudó a encontrar a mi esposa

El verano después de mi segundo año de bachillerato fue muy reflexivo. Empecé a pensar en mi vida y me di cuenta de que el origen de mis dificultades y las de mi familia era la pobreza. Entonces me di cuenta de que tenía que encontrar una manera de sacarnos a mí y a mi familia de lo que parecía una rueda de hámster sin fin. En mi joven mente solo había dos opciones para ganar dinero. Podía hacer lo que hacían algunas personas de mi entorno y unirme a una banda para ganar dinero de manera ilícita, pero sabía que esto tenía graves inconvenientes. Ya sabía que era una vida peligrosa y veía cómo les arruinaba la vida a otros jóvenes de mi comunidad: era una vida que podía conducir fácilmente a una muerte prematura o a la cárcel. La otra opción era ir a la universidad, obtener un título y encontrar una manera de ganar dinero después. Por suerte, me decidí por la segunda opción, principalmente porque la vida ya era bastante difícil así como era.

Cuando estaba en tercer año, un amigo fue el primero en hablarme de la Universidad Wesleyan, en Connecticut. No la investigué mucho, pero recordé el nombre. Cuando empecé a solicitar ingresar en las universidades en mi último año, el nombre se me quedó grabado y tenía varias ventajas. Parecía la mejor universidad a la que podía acceder. También estaba lo bastante cerca de Boston como para poder volver a casa y visitar a mi familia, pero lo suficiente lejos como para poder vivir una nueva experiencia. Al final, me admitieron en muchas de las universidades a las que solicité el ingreso, pero mi elección se redujo a dos: Wesleyan o Tufts. La universidad era algo nuevo para mi familia: el funcionamiento del sistema en lo que respecta a estudiar para los exámenes SAT, visitar universidades, solicitar ayuda financiera. Y no solo era algo nuevo para mí, sino que además tenía que arreglármelas por mi cuenta. Sinceramente, no sabía que se suponía que había que visitar las universidades antes de elegir una. Aunque nunca había estado en los campus de Wesleyan o Tufts, sentí que tenía que elegir entre estas dos porque eran las mejores universidades en las que había sido aceptado. La oferta de Tufts decía que podía asistir por doscientos dólares al año sin ningún préstamo. Para Wesleyan, tenía que pagar dos mil dólares al año y pedir unos cuantos miles de dólares más en préstamos después de la ayuda financiera. Sabía que Tufts era sin duda la mejor oferta financiera, pero mi intuición simplemente no la aceptaba. Mi mente seguía pensando en Wesleyan, y todo mi ser sentía una atracción magnética hacia esa universidad, ¡a pesar de que nunca la había visitado! Aunque me intimidaba lo que costaba, elegí Wesleyan. Unos meses más tarde, después de tomar mi decisión, finalmente visité la universidad. Todo lo que vi era tan nuevo y, honestamente, un poco desconcertante, porque la vida en el campus parecía muy diferente a la del centro de Boston, donde crecí. Mientras visitaba la universidad, sentí mucho miedo y no dejaba de pensar: "¿En qué me metí?", pero aun así seguí mi intuición. Estaba claro que esta experiencia iba a ser difícil, pero si la llevaba a cabo, me ayudaría a crear la mejor vida posible para mí y mi familia.

La forma en que mi intuición me llevó a Wesleyan me pareció sobrenatural, y estoy profundamente agradecido por haberla escuchado, haber aceptado el reto, haber enfrentado mis miedos y haberme adentrado en lo desconocido. No solo conocí allí a muchos de mis mejores amigos, aprendí muchísimo y tuve profesores excelentes, sino que, lo más importante, conocí a Sara.

Hasta el día de hoy, siento que esa atracción por ir a Wesleyan fue, sin duda, la decisión más importante que ha tomado mi intuición. Como una brújula, mi intuición me ayudó a encontrar a mi esposa. Si no la hubiera escuchado y me hubiera dejado llevar por mis miedos y hubiera elegido un camino más fácil, quizá no habría conocido a Sara en esta vida. Si nunca la hubiera conocido, este libro y mis escritos no existirían, porque ella ha sido clave en todo lo que he creado, tanto como fuente de inspiración como por darme su apoyo para desarrollar mi oficio como escritor. Sin ella, mi vida sería muy diferente y estoy seguro de que no sería tan gratificante.

Tuvieron que pasar muchos momentos diferentes a lo largo de años en los que escuché mi intuición antes de encontrarme frente a mi esposa. Cuando por fin lo hice, mi intuición se convirtió en un imán aún más potente, que nos acercó y nos brindó muchas oportunidades a través de nuestra amistad inicial para darnos cuenta de que queríamos estar juntos. Me sentía atraído por ella de una forma mágica y necesaria. Aunque a veces luchaba contra esa atracción, al final me dejé llevar y no podría estar más agradecido a mi yo del pasado por escuchar y afrontar el miedo y la incertidumbre de frente.

Lo más interesante fue que muchos de los problemas internos en los que tenía que trabajar y el amor de mi vida aparecieron mientras estaba en el mismo lugar. Del mismo modo que intentaba huir de mis emociones más intensas, a veces intentaba huir de nuestra relación porque sabía que, si quería estar con ella, la única opción que tenía era la de sanarme de verdad, convertirme en una mejor versión de mí mismo y hacer todo lo posible por ser un mejor compañero.

La pareja es una de las mayores puertas de acceso al crecimiento; mirarla a los ojos y ver que tenía que enfrentarme a mí mismo para que pudiéramos tener una mejor relación fue increíblemente difícil. Me costó varios intentos asentarme por completo en nuestra relación y, en gran parte, fue porque estaba dando vueltas a la idea de aceptar que tenía que trabajar mucho en mí mismo. Estoy agradecido de que mi intuición me llevara directamente a mi mayor reto y a la mejor pareja que podía imaginar.

Si estás buscando pareja, aquí tienes algunas cualidades que pueden ayudarte a descubrir quién es la persona adecuada para construir un hogar.

Intuición

Cuando busques a tu pareja, nunca subestimes las señales que te envía tu intuición. ¿Sientes que hay química? ¿Te parece que la persona que tienes delante es la adecuada? ¿Tu cuerpo te dice que *sí* rotundamente cuando estás a su lado?

Tu intuición te proporcionará la información que necesitas para prosperar y te ayudará a analizar a todas las personas con las que te encuentras en tu vida para que puedas dedicar tu tiempo a las más adecuadas. Esto es aún más cierto ahora que las redes sociales nos conectan con más gente que en el pasado.

A veces es difícil confiar en tu intuición porque su funcionamiento es misterioso, personal y, en ocasiones, la precisión de la dirección parece basarse en la confianza en ti mismo. Cuando pienso en todo lo que tuve que pasar y en todas las decisiones que tuve que tomar para tener la oportunidad de conocer a mi esposa, me parece algo absolutamente desconcertante, como si hubiera una línea invisible de causas y efectos que se puso en marcha para ayudar a que se diera la situación que nos permitió conocernos.

Objetivo:

No bajar más los estándares básicos
y no tolerar más el maltrato.

Dedica tu tiempo a personas
que te revitalizan y que están emocionalmente preparadas
para una conexión profunda.

Aunque los orígenes de la intuición puedan parecer poco claros, el efecto que tiene en nuestras vidas es muy poderoso si la escuchamos. La intuición es, literalmente, tu brújula interior; es una poderosa herramienta que te ayudará a avanzar en la dirección de tu bienestar y a alcanzar tus objetivos. El propósito de la intuición no es hacerte la vida más fácil, sino ayudarte a orientarte, a crecer, a descubrir qué es lo que te hace sentir pesado y a desarrollar las cualidades internas que te ayudarán a que tu vida brille con más intensidad. La intuición te pedirá que enfrentes situaciones que pueden estar muy lejos de tu zona de confort. Te pedirá que te adentres en espacios que te dan miedo para que puedas vencer ese temor y seguir evolucionando. No puedes superar algo sin enfrentarte a ello cara a cara.

La intuición no es una voz ni un ser, es la herramienta que ayuda a que tu buen karma se materialice, es la comprensión aguda de lo que es bueno para ti y lo que no lo es. Todos los datos que has recopilado y los objetivos profundos que te has marcado se convierten en una brújula de claridad que te seguirá empujando en una dirección positiva.

La intuición nunca te pondrá en peligro ni te pedirá que te hagas daño a ti mismo o a los demás, pero te invitará a renunciar a tu apego, a la comodidad y te desafiará a tomar nuevos caminos para que tu vida pueda ver resultados diferentes. La intuición es la reunión definitiva de información que no se intelectualiza, sino que llega como una experiencia tranquilizadora y sentida. Aporta la nitidez de lo que está bien y lo que no está bien.

Por fin estoy en la fase en la que solo
quiero rodearme de gente amable,
auténtica y con ganas de crecer.

Ahora, las únicas personas que me parecen interesantes
son aquellas que se centran en desarrollar la inteligencia
emocional, liberarse de traumas pasados y adquirir perspectiva
a través de la conciencia de sí mismas.

Cuando hablamos de personas, la intuición es tremendamente útil porque te ayuda a conectar con algunos de los protagonistas de la gran historia de tu vida. A medida que se desarrolla cada capítulo, conforme enfrentas cada nueva aventura, siempre puedes cerrar los ojos y sentir si vas en la dirección correcta y si estás hablando con las personas adecuadas.

Hay innumerables personas que te resultarán físicamente atractivas, pero encontrar a alguien que tiene algo más, alguien con quien tu intuición te dice que te detengas y hables, que mires más a fondo, que veas lo que sientes cuando estás a su lado, es el tipo de guía que puede marcar una gran diferencia en tu vida, pero solo tendrá un efecto positivo si eres lo bastante valiente como para actuar según la reconfortante claridad de su mensaje. La intuición te dirá a quién debes dedicar tu tiempo y te hará difícil alejarte de alguien que es adecuado para ti.

Una regla simple y coherente es que, si no te convence tu intuición, es un “no, gracias”. Aunque vivas una vida muy larga, el tiempo es limitado, lo que crea una situación en la que debes ser intencional con tu energía. Decir que sí a proyectos y personas que no te convencen te causará un agotamiento y una frustración innecesarios. Asegúrate de que, cuando digas que sí, lo hagas con todo tu corazón.

Encuentra una pareja que esté abierta a sanar su historia emocional, porque con el tiempo la amarás cada vez más.

El dolor del pasado puede bloquear el amor; afortunadamente, su compromiso mutuo con la relación les da energía a ambos para abordar las cargas que han estado llevando.

Dejar ir es difícil, sanar lleva tiempo, vivir de una nueva manera requiere valentía.

Los dos se ofrecen paciencia y apoyo mutuo porque saben que esta inversión emocional dará resultados increíbles.

A medida que la paz se expande en sus corazones, su relación comienza a brillar con una nueva vitalidad.

Nunca luchas por la perfección, sino que aceptas la realidad.

Comunican sus altibajos en lugar de proyectarlos, hacen todo lo posible por manejar los conflictos con calma y piden perdón cuando cometen errores.

Ambos aceptan el reto de esta nueva aventura porque el amor que comparten vale la pena.

Proximidad y personificación

A la hora de encontrar pareja, cada persona tiene su propia estrategia. Hay quienes se inclinan por buscar activamente, mientras que otros están abiertos a conocer a alguien, pero no buscan, sino que dejan que la vida real y los encuentros fortuitos sigan su curso. No hay una forma correcta de buscar pareja: en cualquier caso, es importante mantener un enfoque equilibrado que no se base en un deseo marcado.

Tanto en persona como en línea, se requiere proximidad para conocer a la persona que estás buscando. Ya sea que formes parte de espacios comunitarios donde puedes conocer a alguien, como el trabajo, la escuela o los pasatiempos, o espacios en línea donde puedes encontrar una pareja potencial, te estás poniendo en situaciones en las que puedes sentir una chispa con alguien. En cuanto se enciende la chispa, puede surgir una conexión o incluso una relación. Pero no puede haber chispa sin proximidad. No puedes tener una relación con alguien a quien no conoces. Salir ahí afuera y conocer gente nueva le dará a tu intuición la oportunidad de decir finalmente: “Sí, esta es una persona a la que deberías conocer”.

Una vez que te adentras en espacios donde puedes conocer a alguien, lo siguiente más importante es la personificación. Las cualidades que deseas atraer deben ser las mismas que estás desarrollando activamente en ti mismo. Lo que estás trabajando se hará evidente en tu forma de hablar y en tu comportamiento entre los demás. Lo que encarnas o personificas es una energía que emanas, combinada con el conjunto de acciones que repites con frecuencia. Si buscas a alguien que sepa escuchar, practica el arte de escuchar. Si quieres estar con alguien que pueda ver más perspectivas que solo las suyas, debes desafiarte a ti mismo a ver las cosas desde diversos ángulos. Si quieres a alguien que se preocupe por su salud mental, debes ser diligente en encontrar y utilizar las herramientas que te ayuden a prosperar en ese aspecto. Sea lo que sea en lo que estés trabajando en este momento, no significa que vayas a atraer necesariamente a alguien que trabaje en la misma cualidad exacta, pero emitirá una energía que dice: "Soy una persona a la que le importa hacer el trabajo".

Encarnar o personificar esas cualidades importantes es una señal poderosa a la que responderán las personas que te rodean. Eso acercará a ciertas personas y alejará a otras. Personificar no se trata solo de tener intereses o un estilo de vida, sino de la construcción activa de quién eres a través de la aplicación intencional de acciones. Personificar es el resultado de ser el diseñador activo de tu mente y tu vida.

El desarrollo de las cualidades que deseas en una pareja te ayudará a mantenerte firme a medida que avanzas en la vida. Estas cualidades fundamentales que conducen a la armonía interior y exterior son aspectos del carácter que puedes aprovechar en todas las situaciones.

Cuando buscas pareja, no necesariamente esperas encontrar un doble de ti mismo. Pero sí quieres a alguien que pueda hablar el mismo lenguaje emocional. Por eso es importante la personificación: enviará la señal correcta y atraerá a personas que también están desarrollando inteligencia emocional y madurez.

Una vez más, la atracción física no es suficiente, eso es solo lo que se ve en la superficie. Lo que hace que se produzca una conexión y, en última instancia, una relación son las cualidades que se entrelazan de manera complementaria.

Es esencial tener una mentalidad de crecimiento

Hay que encontrar un equilibrio entre tener buenos estándares y, al mismo tiempo, esforzarse de forma intencionada por no caer en la trampa de buscar la perfección. Este apego a la perfección es peligroso; todos preferiríamos tener una vida en la que todo fuera fácil y nunca pasara nada malo, pero eso es muy poco realista. La vida es difícil, y si queremos mejorar en el manejo de sus inevitables altibajos, nuestra única opción es aceptar el crecimiento de la misma manera que aceptamos el cambio, profunda y plenamente.

Cuando nos damos cuenta de que nuestra mente se aferra a la idea de una pareja perfecta, debemos salir conscientemente de esa línea de pensamiento, porque buscar la perfección puede impedirnos dedicar nuestro tiempo y energía a alguien que podría ser ideal para nosotros. También sería hipócrita, ya que ninguno de nosotros entra en una relación siendo un ser perfecto.

Dado que la perfección nunca es una opción, lo que puedes buscar es un compromiso saludable con el crecimiento y la evolución. Alguien a quien le guste aprender y no le dé miedo sus emociones estará más inclinado a darse cuenta de qué rasgos de comportamiento le ayudan a llevar una buena vida y también será honesto sobre las cualidades que necesita desarrollar para mostrarse mejor ante sí mismo y ante los demás.

Puede parecer sencillo, pero sentirse cómodo con el hecho de que tienes margen para crecer significa que tienes un gran valor y que tu ego no domina tus procesos mentales. El crecimiento requiere de forma automática humildad y la energía del amor propio para actuar en función de lo que sabes que es mejor para ti.

Algunas de las personas más bellas
son aquellas que tienen un buen equilibrio
entre el amor propio y el altruismo.

Cuidan de sí mismas,
trabajan en su crecimiento y establecen límites saludables.
También tratan bien a los demás y ayudan cuando pueden.

Saben cómo ser amables
sin agotarse.

Un mejor amigo que te gusta

Un aspecto fundamental que debes buscar es alguien que se sienta como un mejor amigo. Buena parte de una relación consiste sencillamente en pasar tiempo juntos. En las relaciones a largo plazo, en particular, no todo son momentos felices. Entre todos los momentos maravillosos y memorables hay pequeños instantes de tranquilidad que se comparten juntos. Los que algunos pueden considerar aburridos y poco emocionantes son, en realidad, algunos de los instantes más dulces de una relación, porque son los momentos en los que ambos se sienten bien simplemente sentados en silencio uno al lado del otro, donde la calidez de la presencia de su pareja es suficiente. Hay alegría y armonía en estos ratos olvidables que no deben pasarse por alto. El hecho de que no tengan que buscar constantemente entusiasmo juntos significa que se sienten cómodos consigo mismos y que su unión les llena profundamente.

Las relaciones románticas suelen pasar por alto la importancia de la amistad. Tú y tu pareja deberían ser capaces de crear un espacio que invite a la vulnerabilidad, en el que no tengan miedo de expresar sus pensamientos sin filtros y puedan ser ustedes mismos con total tranquilidad. Un mejor amigo es alguien que puede apreciar toda la gama de tu personalidad. Tu pareja, que te ama, no solo debe ser capaz de aceptar la totalidad de tu personalidad con profundo aprecio, sino que también debe sentir una curiosidad genuina por conocer más sobre cada faceta de tu ser mientras pasan tiempo juntos.

La amistad que acompaña al amor debe ser como un suspiro de alivio, en el que por fin puedes bajar la guardia y hablar de cualquier tema sin miedo a que te juzguen. Convertir tu relación en un espacio que no provoque miedo terminará por propiciar conversaciones que alimentarán tu sentido de la curiosidad y el descubrimiento.

Compartir un espacio tranquilo con alguien es una experiencia bastante íntima, y es más fácil cuando te sientes seguro y reconocido por esa persona. Por eso es de gran ayuda tener una dinámica de mejor amigo con la persona con la que estás construyendo una relación. No solo la amas, sino que puedes reír y procesar cosas con ella. Enamorarse de alguien a quien también ves como tu mejor amigo puede darte una relación más amplia. Pueden cuidarse el uno al otro y disfrutar de la vida juntos; pueden ser profundamente honestos el uno con el otro y reír juntos hasta que sus ojos se llenen de lágrimas de alegría.

Esto tiene sentido cuando te das cuenta de cuánto tiempo pasarán juntos, sobre todo si acaban viviendo juntos y están el uno con el otro durante años. Prefieres hacer todo esto con alguien que te entiende en todos los niveles.

Bajo la superficie

Cuando estás abierto a encontrar pareja, aparecerán personas que irán y vendrán mientras esperas sentir una chispa genuina. Una vez que sientas esa chispa y ambos perciban la atracción de una conexión, eso no significa que el proceso de descubrimiento haya terminado. Si comprendes que una relación necesita más que una conexión, te tomarás el tiempo necesario para conocer a la persona y así poder descubrir de verdad quién es.

Cuando las personas se describen a sí mismas a alguien nuevo, pueden hacerlo de la forma más idealizada posible. Por eso es importante ver si la forma en que se describen con sus palabras coincide con sus acciones.

Para construir una relación bonita con alguien, necesitas saber quién es en realidad. Es fácil ser la mejor versión de uno mismo cuando la vida va bien, pero es mucho más difícil afrontar la realidad con optimismo cuando las cosas se ponen difíciles. No se conoce del todo a alguien hasta que se ve cómo afronta los retos.

¿Se sienten abrumados por el estrés? ¿Toman buenas decisiones cuando las cosas se vuelven caóticas a su alrededor? ¿Rehuyen sus emociones o tienen la fuerza para enfrentarse a ellas? Si tienen una discusión, ¿buscan ganar o están interesados en comprender tu punto de vista y están dispuestos a compartir el suyo?

Cuando veas a tu nueva pareja hacer frente a algo difícil y tengas una idea de lo profunda o intensa que es su reacción, puedes preguntarte: "¿Está esto dentro de un rango saludable?".

Esto no significa que debas imponer a tu pareja un estándar poco realista. Buscar una madurez emocional perfecta te llevará a descartar a personas maravillosas. En cambio, lo que buscas es alguien que no tenga miedo de mirarse a sí mismo, alguien que sea consciente de sus palabras y que no reaccione de forma inconsciente.

Si pueden detenerse a pensar antes de reaccionar, es una gran señal de que han madurado mucho y están abiertos a un mayor desarrollo interior.

La cualidad más fundamental que hay que buscar es la simple voluntad de crecer; esto significa que tienen la humildad suficiente para ampliar su perspectiva y evolucionar en sus acciones. No importa en qué punto del camino se encuentren, están preparados para dar pasos adelante. La superficie del océano esconde lo que hay debajo.

Los seres humanos somos tan profundos como el océano. Incluso si una persona no esconde intencionadamente quién es, será bastante difícil conocerla de verdad después de pasar solo unos pocos momentos juntos. Solo al atravesar diferentes experiencias con ella se revelará más de lo que hay debajo. Cada persona es un mosaico de experiencias, condicionamientos, impulsos, fortalezas, miedos, aspiraciones y mucho más. Cuando busques a tu pareja, debes ver si no solo encaja bien en tus brazos, sino si sus mosaicos se complementan para realzar la belleza interior y la armonía del otro.

Si tu pareja anterior no era emocionalmente disponible
y no cuidaba tu corazón,
tendrás que esforzarte
para bajar la guardia cuando
conozcas a alguien nuevo.

El mismo patrón defensivo que te protegió antes
puede impedir que una nueva conexión florezca plenamente.

Cinco señales de alerta y cinco señales positivas

Cuando ves que se está creando una conexión, tienes que ser honesto contigo mismo y preguntarte si la persona con la que tienes química también tiene las cualidades necesarias para ayudarte a crear una relación satisfactoria. Es común sentir algo intenso por alguien y no tener las habilidades para elevar esa conexión a una relación amorosa y enriquecedora. No es razonable esperar la perfección, pero sí es necesario tener la intención de aprender de tus imperfecciones.

La conexión y la voluntad de crecer son las dos cualidades principales que se necesitan, pero a partir de ahí las personas son muy diferentes en lo que buscan. Dos individuos que tienen la energía y la consciencia para elevar su conexión a una relación amorosa están diseñando esencialmente una nueva cultura que es solo para ellos: su propio mundo precioso que se adapta a sus necesidades, deseos y preferencias, y que se basa en su comprensión mutua.

Aunque cada relación amorosa es única, hay cualidades que pueden impedir que se forme una relación y otras que te preparan para el éxito.

Cinco señales de alerta

1. **Finge que lo sabe todo.** El espacio del conocimiento es ilimitado. Actuar como si tuviéramos mucho que enseñar y nada que aprender es una clara señal de que el ego se ha apoderado de la mente y la ha vuelto rígida. Estar abierto al aprendizaje y decir frases como "No sé mucho sobre eso, ¿puedes explicarme más?" demuestra el tipo de humildad que se basa en la fuerza interior. Sin humildad no se puede crecer.
2. **Es difícil de conocer.** Si solo te hacen preguntas y no desean hablar de sí mismos, es posible que no estén dispuestos a mostrarse vulnerables. Si ocultan quiénes son, ¿cómo puedes conectar

bien con ellos? Algunas personas ven el misterio como una cualidad atractiva, pero si se lleva al extremo, la persona que te atrae siempre seguirá siendo un desconocido. Es necesario ser abierto para que una conexión se convierta en algo más profundo.

3. **No es honesto consigo mismo.** Si sobreestima constantemente su capacidad y dice que hará ciertas cosas, pero al final no las hace, es una señal de que le cuesta enfrentarse a su propia verdad. No ser honesto contigo mismo y no tener el valor de decir la verdad es lo que lleva a desaparecer sin más. Mentirte a ti mismo es también una de las raíces más profundas de complacer a los demás. Ser honesto sobre lo que puedes y no hacer te vuelve más confiable y crea el entorno de seguridad y confianza en el que se basa una relación duradera.
4. **No asume sus responsabilidades.** Si les cuesta admitir que se han equivocado o pedir perdón cuando cometen un error, será difícil crear una cultura entre los dos en la que aprendan activamente de sus errores y los utilicen como puerta de entrada al crecimiento. Reconocer un error y utilizar la información para cambiar tus hábitos o respuestas a las situaciones es una gran señal de consciencia y madurez.
5. **Hace las cosas bien para sí mismo, pero no para ti.** Si se centran demasiado en sus propias preferencias cuando están juntos y no les interesa hacer cosas que te gustan, entonces están mostrando signos de egocentrismo. Una relación debe tener sinergia, un intercambio claro que permita a ambos sentirse escuchados. Una de las partes divertidas de una relación es crear juntos una nueva cultura, pero si una persona domina todo, la otra acabará sintiendo que no tiene poder en la relación.

Cinco señales positivas

1. **Escucha con tranquilidad y disfrute.** Se nota cuando te hacen preguntas no por obligación, sino por curiosidad genuina.

Si escuchan tus respuestas con atención y sienten verdadera alegría por conocerte, es una señal de que no son egocéntricos. Escuchar es el camino que hay que recorrer para profundizar cualquier conexión.

2. **Está dispuesto a mostrarse vulnerable.** A medida que construyes una conexión, tarde o temprano tendrás que empezar a compartir las partes más difíciles de ti mismo y las partes de tu historia emocional que solo conocen tus seres más cercanos. La vulnerabilidad es la forma en que abren sus corazones el uno al otro. Tu pareja solo puede conocerte y comprenderte si tienes la fuerza para mostrarte vulnerable; necesita esta información para poder estar ahí para ti. El amor y la vulnerabilidad van de la mano, se potencian mutuamente.
3. **La energía es recíproca.** Cuando pasas tiempo con tu pareja, sientes una sensación de equilibrio. Ambos comparten, escuchan, se turnan para asumir el liderazgo, aprenden el uno del otro y mucho más. Al igual que tú estás dispuesto a dejar que tu pareja entre en tu vida, ella también te hace un hueco en la suya. Ambos pueden sentir el entusiasmo del otro y se revitalizan con la mutua presencia.
4. **Siente alegría cuando te ve feliz.** En muchas relaciones duraderas, las personas dicen que ver feliz a su pareja es una de sus mayores alegrías. Esto no solo ocurre después de años de estar juntos, sino que también puede ocurrir al principio. El brillo de otra persona que activa tu propio brillo es un signo de profunda compasión. Esto significa que pueden acompañarte en los buenos momentos y que también tienen un mayor potencial para superar los momentos difíciles contigo.
5. **Trabaja de forma activa para desarrollar nuevas cualidades.** Tener la consciencia de saber que son imperfectos, pero que se beneficiarían enormemente de desarrollar nuevos hábitos y comportamientos positivos, es una verdadera fuente de empoderamiento. Hacer la pregunta "¿En qué estás trabajando internamente en este momento?" puede ser muy reveladora. Si te dice que está mejorando su capacidad de responder en lugar de reaccionar, o desarrollando más paciencia, o tratando de ver

las cosas desde más perspectivas que solo la suya, tendrás algunas señales claras de que está comprometido con un profundo trabajo interior.

Preguntas para reflexionar

- ¿Qué cualidades buscas en una pareja?
- ¿Qué habilidades emocionales quieres que tenga tu pareja?
- ¿La persona con la que estás construyendo una relación está comprometida con el crecimiento y abierta a la comunicación?
- ¿Qué estás haciendo para ser una buena pareja?
- ¿Te estás esforzando por encontrar a la persona adecuada? Si no es así, ¿cómo podrías hacerlo de forma auténtica?

12

Los cimientos de una buena relación

Honestidad

En una relación auténtica, la honestidad es fundamental. Para poder crear un hogar en el que ambas personas se sientan seguras, comprendidas y bien contenidas, es necesario que exista una base de honestidad que sirva de puente para la comunicación. La honestidad es una característica fundamental de una unión sana. Cuando está presente en una relación, puede aportar múltiples beneficios, mientras que su ausencia acabará provocando confusión y dolor.

Tu pareja debe ser un refugio, alguien con quien te sientas indudablemente cómodo y que sabes que está dispuesto a afrontar contigo los altibajos de la vida. Una pareja no es un vínculo cualquiera. Los dos han tomado la decisión especial de moldear sus vidas juntos, de empezar a enfrentarse al mundo como un equipo. Unirse en una relación como compañeros iguales, cada uno con fortalezas en las que el otro puede apoyarse, les ayudará a afrontar los retos con las mejores soluciones posibles, aquellas que ideen juntos.

Para poder tener una relación así, hay que atreverse a dar un paso adelante con la verdad cuando interactúas con tu pareja. Si quieres una relación hermosa que evolucione hacia mayores alturas de amor y cuidado, debes asegurarte de hacer tu parte y superar el miedo a decepcionar a la persona que amas.

Puede parecer especialmente difícil tener conversaciones abiertas si has tenido una infancia en la que no se aceptaba la verdad sino que se fomentaba simplemente actuar como si todo estuviera bien con tal de "mantener la paz". En estas situaciones, la tensión que puede causar la verdad al sacar las cosas a la luz no desaparece cuando se permanece en silencio. Más bien, la tensión permanecerá dentro de ti porque tienes que suprimir de forma activa la verdad en lugar de abordar la tensión como grupo y llegar a una solución que, en última instancia, alivie la pesadez. O bien dejas que surja la tensión, dices la verdad y la expones para que se puedan enfrentar las cosas, o tendrás que cargar con el peso de la verdad que permanece sin decir. Incluso las pequeñas mentiras pueden pesar mucho en tu mente.

Recuerda que no es posible tener una relación emocionalmente madura cuando se alimentan mutuamente con mentiras. Aunque las mentiras se hayan tolerado en silencio mientras crecías, debes romper este ciclo y dejar de repetir este patrón si quieres que tu relación prospere. Como la mayoría de las personas prefieren escuchar la verdad antes que una mentira, debemos respetar a nuestras parejas lo suficiente como para darles exactamente lo que pedimos, a pesar de la incomodidad inicial. Nuestra propia incomodidad temporal no es una razón de peso para ocultar la verdad a la persona que tanto amamos. Podemos decir que lo hacemos por comodidad, que en realidad no importa de verdad, pero sí importa mucho cuando anteponemos nuestra propia comodidad a la confianza que nuestra pareja tiene en nosotros para ser abiertos y honestos con ella.

En ocasiones, la verdad puede doler al principio porque se revela una herida o un error. Al revelar la herida, hay dos caminos posibles: o bien la herida empeora, o bien se le da la oportunidad de sanar. Se necesita mucha fuerza para revelar la verdad, porque puede parecer arriesgado, sobre todo si se trata de una verdad importante. Pero, en última instancia, revelar la verdad te da la oportunidad de conectar de forma más profunda y vulnerable y de vivir más en paz una vez que todo se ha solucionado, en lugar de vivir con la tensión de una mentira.

La ventaja de vivir con la verdad es que puedes mejorar profundamente tu relación. Las mentiras generan distancia entre tú y tú mismo, y entre tú y tu pareja. Ser honesto en tu relación te ayuda a redoblar la franqueza y profundiza más la comprensión mutua.

Para fortalecer tu unión, deben mostrarse uno al otro su vulnerabilidad. Ser capaces de ver los errores y las emociones crudas del otro les permite procesar sus vidas juntos a un nivel más profundo. La verdad fundamental es que no pueden entenderse del todo si no son sinceros el uno con el otro. No hay comunicación si falta la verdad; si una persona miente, eso se llama engaño.

Sin honestidad no puede haber confianza, y sin confianza, la sensación de seguridad que se dan mutuamente se desvanecerá. Las mentiras impiden que su relación evolucione. También son una señal de que no confían plenamente en su pareja y de que la perciben como alguien que no los acepta.

Tres cosas hacen que una relación sea excepcional:
Cuando ambos son buenos dejando pasar
las discusiones sin importancia.
Cuando ninguno de los dos busca la perfección,
pero ambos están de acuerdo en esforzarse.
Cuando encuentran alegría en satisfacer las necesidades del otro.

Atención personalizada

El amor es un sentimiento y un estado mental muy poderoso, pero no garantiza por sí solo que las dos personas que se aman vayan a tener una relación armónica. Es muy habitual amar a alguien sin saber cómo cuidarlo de forma adecuada. Es doloroso ser quien da mucho a la relación y, aunque sabes que tu pareja te ama, ver cómo le cuesta cuidarte como es debido. También es doloroso sentir la profundidad de una conexión y ver que estás luchando por darle a la conexión lo que necesita para florecer.

Antes de poder remediar este conflicto, debes aceptar la idea de que puedes sentir algo muy fuerte por alguien y que aun así puede haber una brecha entre ambos, un vacío que solo se puede llenar con el aprendizaje intencional de cómo cuidarse uno al otro.

El amor es una invitación a crecer. Cuando empiezas a darte cuenta de que necesitas fortalecer ciertas cualidades para mejorar la forma en que cuidas a tu pareja (como la escucha desinteresada, la honestidad, entrar en conversaciones con vulnerabilidad, la confianza, la paciencia, ver más allá de tu propia perspectiva, etcétera), tu amor por esa persona debería ayudarte a mantener la humildad necesaria para aceptar y actuar en función de tu necesidad de crecer. El amor debería darte energía para aceptar tu evolución, de modo que puedas cultivar buenas cualidades que de verdad beneficien a tu relación y a cualquier interacción que puedas tener a lo largo de tu vida.

Las personas que han sanado profundamente
y conocen su valor no pueden
evitar emitir una energía que dice
"ámame bien o déjame".

Solo permiten conexiones reales
con personas emocionalmente preparadas,
porque saben que las relaciones requieren
un cierto grado de esfuerzo.

No todo el mundo sabe cómo cuidar a los demás de forma intuitiva, sobre todo porque cada persona es única. La forma en que a cada uno le gusta que le cuiden varía enormemente. Cada uno se sentirá cuidado de forma muy diferente. Algunos pueden empezar a cuidar a su pareja sin problemas, mientras que otros pueden encontrar más fácil hacerlo después de muchas conversaciones en las que ambos dejan claras sus necesidades y deseos. En todo caso, será necesario aprender. En una relación es necesario dedicar tiempo y espacio a comprender las preferencias de la pareja. Del mismo modo, no podemos obligar a nuestra pareja a actuar como nosotros queremos, pero podemos intentar hablar y comprometernos voluntariamente a tratar al otro de la forma que mejor satisfaga las necesidades mutuas.

Muchas personas tienen la idea de que la pareja adecuada vendrá completamente equipada con todo el desarrollo emocional necesario para que la relación sea exitosa, pero esto está lejos de la realidad. Solo después de que ambos sean capaces de verse y conocerse bien es posible que fluya la armonía. El cuidado profundo es posible después de pasar tiempo comprendiendo las historias emocionales de cada uno, sus fortalezas y miedos, y cómo han enfrentado los desafíos que cada uno ha tenido en el pasado. Muchas veces caemos en el error de pensar que nuestra pareja querrá recibir amor de la misma manera que nosotros preferimos recibirlo, pero esto no es cierto, y se necesita una comunicación abierta y cambiar la perspectiva para corregir este error.

El amor es el hogar que comparten y el cuidado es la forma en que diseñan el interior de su hogar para que se sienta vibrante, seguro y rejuvenecedor. Dejen que el amor los una, pero no esperen que los sentimientos que se profesan uno al otro resuelvan todos los problemas que surjan. Demuestren a su pareja que la aman cuidándola bien.

Hazle saber a tu pareja
lo que está haciendo bien.

No dejes que las cosas que contribuyen
a tu felicidad sean un misterio para ella.

La claridad y la retroalimentación
son necesarias si desean construir un hogar
que sea enriquecedor para ambos.

Diversión

Hay un tipo especial de alegría que solo ustedes pueden darse mutuamente. No solo se sienten bien en los brazos del otro, sino que su unión es la creación de un nuevo mundo, uno que es solo para ambos. Crean juntos su propia cultura, comparten chistes privados, tienen preferencias que coinciden y a veces incluso llegan a desarrollar juntos su propio lenguaje particular. En la seguridad que les brinda la presencia del otro, se relajan lo suficiente como para encontrar la alegría que les falta en su vida cotidiana. Desde luego, también hacen juntos todas las cosas mundanas y repetitivas, pero no son tan tediosas cuando se tiene a alguien a quien se ama para compartirlas.

No solo te sientes profundamente atraído por tu pareja, sino que también es tu mejor amiga y tiene un sentido del humor que te encanta.

En un mundo que se mueve a una velocidad increíble, hipercentrado en la productividad, tú y tu pareja crean un pequeño oasis de unión donde la diversión y la conexión profunda surgen con facilidad. Estos pequeños instantes pueden acabar siendo algunos de los más preciados.

Once atributos de una relación próspera

1. **Trabajan en equipo.** Los dos saben que tienen diferentes puntos fuertes y los dejan brillar mientras afrontan juntos los retos. Dependiendo de la situación, dejan que la pareja con ese punto fuerte tome la iniciativa porque lo que más desean es un proceso y un resultado con el que ambos se sientan bien.
2. **Entienden que no todos los días serán maravillosos.** Parte del amor es dejar de lado la perfección; saben que es natural tener altibajos y que la alegría no es una constante que fluye siempre. Aprovechan los momentos bajos como oportunidades para apoyarse el uno al otro.
3. **Los dos aceptan el crecimiento.** El amor es el espejo más claro que revelará sus fortalezas y las cualidades que deben seguir cultivando. No temen sus propias imperfecciones, sino que aceptan el reto de tomar las riendas de su propia evolución. Saben que cuanto más crecen, no solo aumenta su felicidad personal, sino que también pueden amar mejor a su pareja.
4. **Entienden que la felicidad más profunda proviene del interior.** Ambos tienen la sabiduría suficiente para no delegar la responsabilidad de su felicidad en otra persona. Saben que su pareja puede contribuir sin duda a la belleza de la vida, pero que, en última instancia, sus percepciones y reacciones personales son los factores que más influyen en su felicidad. Saben que su felicidad es un rompecabezas que solo ustedes pueden resolver.
5. **Los dos se esfuerzan por estar presentes.** La vida puede ser muy ajetreada, pero se aseguran de crear un espacio para que los dos puedan reconectar y compartir de forma sincera y abierta cómo les ha ido. Siempre se esfuerzan por seguir desarrollando su conexión.
6. **Los conflictos son una oportunidad para entenderse**. Los desacuerdos son naturales, pero ustedes hacen todo lo posible por no convertirlo en una batalla, sino que intentan entender la perspectiva del otro. Practican la escucha desinteresada para

poder comprender a fondo cómo se desarrollaron los acontecimientos en la mente de su pareja.

7. **La vulnerabilidad y la honestidad son bienvenidas.** Entienden que las mentiras crean una distancia que puede limitar la fuerza de su conexión. Una de las formas en que se aman bien es dejando que su verdad salga a la luz y bajando la guardia para poder conocerse a fondo.
8. **La risa y el descanso son una parte fundamental de su unión**. Su conexión es vibrante y disfrutan mutuamente de la compañía del otro, tanto que es fácil hacerlo reír. Son buenos para reducir el ritmo juntos cuando es necesario, comunicándose cuáles son sus niveles de energía. Así como juntos se enfrentan al mundo, también le cierran las puertas para poder recargar energías por completo.
9. **Se permiten cambiar mutuamente.** La realidad es que quienes eran cuando se enamoraron y quienes son ahora son personas muy diferentes. Aceptan el hecho de que sus gustos y aversiones evolucionarán con el tiempo. Utilizan esta verdad como una forma de mantener la curiosidad mutua.
10. **No se controlan uno al otro.** Saben que la libertad es la pieza central del amor y que el control crea fricciones que pueden fracturar una hermosa conexión. En cambio, hablan entre ustedes sobre aquello a lo que pueden comprometerse voluntariamente. Esto les aclarará a ambos cómo funcionan como unidad.
11. **No se dan por sentados el uno al otro.** A medida que pasa el tiempo, no dejan que el ritmo frenético de la vida les haga olvidar valorar a su pareja. En su mente y en sus acciones, reavivan intencionadamente el sentimiento de gratitud que tienen.

La paradoja del crecimiento

El amor no puede florecer en su máximo nivel si tu pareja no te ama tal y como eres ahora, con toda tu belleza y tus defectos. La imperfección es genuinamente lo que te hace especial: tu pareja debe amarte por completo sin el deseo de cambiarte. Si te están regañando todo el tiempo para que cambies diferentes aspectos de ti mismo, entonces lo que desean es una imagen de ti que tienen en su mente, en lugar del verdadero tú que está justo delante de ellos.

Este tipo de cambio es diferente de cómo somos: seres en constante cambio, ya que se necesita intención y aplicación para evolucionar en una dirección determinada. Cuando se deja a la naturaleza, todo crece y se descompone, pero si quieres crecer de una manera particular, se necesita una acción intencionada y un esfuerzo aplicado a lo largo del tiempo.

Puesto que somos seres profundamente condicionados por patrones, es difícil cambiar deprisa, incluso cuando tú y tu pareja notan que hay que hacer un cambio. La transformación comienza con la intención y luego se hace posible a través de intentos repetidos.

Incluso si quieres cambiar de la noche a la mañana, será difícil superar años de patrones densos que empujan tus comportamientos en una dirección particular. Es cierto que la determinación marca una gran diferencia y puede ayudarte a efectuar cambios con rapidez, pero no siempre es así para todo el mundo. Por lo general, el cambio es gradual y se necesita tiempo y un esfuerzo constante para que tu nuevo yo surja por completo. La paciencia contigo mismo y por parte de tu pareja es fundamental cuando estás trabajando en tu crecimiento; esto te dará la gracia necesaria cuando cometas errores en el camino y la fuerza necesaria para continuar.

Lo complicado de las relaciones es que muchas veces te muestran claramente lo que necesitas trabajar. Lo importante es entender que el deseo de crecer tiene que venir de ti mismo, no puede venir de que tu pareja te lo exija. La energía para cambiar debe provenir de tu propia voluntad para que sea potente y duradera. Si intentas cambiar solo porque tu pareja quiere que cambies, esto acabará provocando resentimiento y puede ser muy perjudicial para tu sentido de autoestima. Estar con alguien que no te ve como suficiente es doloroso y no es una forma de amor incondicional. Por otro lado, ver claramente tus defectos y reconocer que tanto tú como tu pareja se beneficiarían de que pusieras energía en cambiarlos es la mentalidad adecuada para construir una nueva forma de ser. Pero esto debe ser recíproco. Cada integrante de la pareja debe poder discutir de manera tranquila y consciente las formas en que le gustaría ver crecer a su pareja. Si tu pareja siempre te está regañando para que cambies múltiples aspectos de tu carácter, es posible que lo haga desde un lugar de ansia, sobre todo porque está claro que le cuesta quererte tal y como eres.

La relación pondrá de manifiesto cómo necesitas crecer y, a veces, tu pareja te lo dirá de forma directa, lo que no siempre es malo. En ocasiones, ellos podrán ver uno de tus bloqueos mucho más claramente que tú. En particular, si tu pareja lo hace desde el amor, te está haciendo un favor al señalarte una característica que te está dificultando las cosas en el ámbito relacional o profesional. Te lo dicen no porque te vayan a querer más si cambias, sino porque creen que tu vida será más fácil si ajustas tus acciones. Puede resultar bastante difícil escuchar la verdad de su boca, pero también puede ser la llamada de atención que necesitamos, especialmente si tenemos la humildad necesaria para aceptarla.

La paradoja del crecimiento en una relación es que tu pareja debe amarte tal como eres, y ese amor debe inspirarte a crecer. Para muchos, el amor crea una sensación de seguridad tan profunda que nos sentimos con energía para emprender la sanación y crecer de maneras que nunca antes habíamos hecho. Con frecuencia ponemos tanta energía en simplemente sobrevivir que nos sorprende tener una relación genuinamente amorosa y solidaria. Dentro de este espacio de apoyo, descubres que ahora dispones de energía para centrarte en cuestiones más profundas de la mente y el corazón que necesitan resolverse. Aunque tu pareja te ama tal y como eres, estar en su presencia puede darte una nueva sensación de determinación para evolucionar hacia la mejor versión posible de ti mismo. Una relación de pareja que te apoya y te ama puede darte la capacidad de reestructurar tu vida para que tengas una idea clara de tus prioridades. Gran parte de la energía que solías dedicar a encontrar pareja puede reorientarse para disfrutar y crecer con la pareja que ahora tienes.

Está claro que no es necesario estar en una relación para crecer profundamente, pero para muchos se convierte en un catalizador para alcanzar nuevos niveles de autocomprensión y compasión por uno mismo y por las personas que se cruzan en tu camino. Una relación es como un campo de entrenamiento para el desarrollo de cualidades que son valiosas en todos los aspectos de tu vida. Ser capaz de ver perspectivas ajenas a las tuyas, tener paciencia, controlar tus reacciones para que no se exageren... Todas estas son cualidades que podemos mejorar mientras estamos en una relación y que podemos aprovechar en nuestro trabajo y en nuestra vida.

Las relaciones no consisten en intentar cambiar al otro, pero si el amor es real y lo abarca todo, esta energía generativa puede funcionar como un suelo fértil que te ayude a florecer de formas nuevas e imprevistas. Las grandes relaciones pueden animarte a crecer y evolucionar hasta el punto de brillar de formas nunca antes vistas.

Preguntas para reflexionar

- ¿Cuáles son los puntos fuertes que aportas a tu relación? ¿Cuáles son los puntos fuertes de tu pareja? ¿Cómo se cuidan el uno al otro?
- ¿Cómo te va con la honestidad en tu relación? ¿Podrías ser más franco y abierto?
- ¿Hay alguna verdad que estés ocultando por miedo y que te impida conectar más profundamente con tu pareja?
- ¿Qué compromisos voluntarios han adquirido tú y tu pareja? ¿Hay alguno nuevo que quieras discutir con él o ella?
- ¿De qué maneras podrían tú y tu pareja introducir más diversión en su relación?
- ¿Cómo está apoyando su propia felicidad?

13

El amor es libertad

¿Qué significa sentirse libre en una relación?

El amor y la libertad van de la mano, sobre todo cuando surgen en el interior del individuo. Las personas más sabias de la tierra, aquellas que superan el umbral de la iluminación, desarrollan mentes que solo pueden ver a través de los ojos del amor. La maldad se erradica del corazón, la voluntad de hacer daño se borra, el impulso de crear desarmonía se consume, el ego deja de existir. Lo único que florece en la mente de alguien que es plenamente libre es la impresionante claridad del amor y la compasión y una profunda comprensión de la realidad y la naturaleza.

Para acceder a la libertad plena, la mente debe aceptar por completo la ley universal de la impermanencia, la verdad de que todo cambia constantemente. Parece sencillo a nivel intelectual, pero esta verdad es algo contra lo que siempre luchamos porque la mente tiende al apego. Estudiar esta verdad, sentirla tan a fondo que la mente nunca más dude ni olvide que el flujo siempre cambiante de la naturaleza está ocurriendo a nuestro alrededor y dentro de nosotros, abre la puerta a la libertad. El objetivo de la libertad requiere que recorras un camino que acepte el cambio en profundidad; este camino disuelve el ego y, cuando llegas a tu destino, la mente y el corazón se vuelven completa y absolutamente amorosos.

Llevar la mente humana a la cima de la evolución, volviendo la atención hacia el interior y cultivando una profunda consciencia, es en sí mismo un acto de amor. La belleza de tomar este camino es que cada paso da como resultado un mayor crecimiento y compasión. No hace falta alcanzar la meta final para ver resultados reales y transformadores que impactan de forma positiva en todas las relaciones y aspectos de la vida. Las dos cualidades del amor y la libertad se apoyan mutuamente: cultivar la libertad mejora tu capacidad de amar, cultivar el amor te hace cada vez más libre. Para desarrollar cualquiera de las dos es necesario disolver el ego y practicar una y otra vez el acto de soltar, de modo que ya no estés apegado a nada. Abrazar en profundidad el cambio hace que la evaporación del ego y el apego sea mucho más eficaz. Elegir la libertad en lugar del sufrimiento da como resultado un ser de amor ilimitado.

Cuando la mente ya no está impulsada por el ego, comienza a sentirse cómoda en la compasión. Es posible que una mente que antes solo se veía a sí misma y sus deseos se abra y libere estos apegos para poder empezar a comprender que su bienestar es tan importante como el bienestar de los demás. La mente es extraordinariamente elástica y maleable; no necesita permanecer en su formato básico de supervivencia, que tiende a mirar el mundo con ojos de temor. La compasión tiene la extraordinaria capacidad de preservar la seguridad del ser humano, al tiempo que crea oportunidades para un auténtico crecimiento. La compasión es inteligencia real porque te ayuda a ver la amplia gama de experiencias humanas, mientras que el miedo te mantiene centrado en ti mismo. La compasión te ayuda a actuar con habilidad y a encontrar nuevas soluciones para viejos problemas.

La lucha del ser humano es que la insatisfacción o el sufrimiento son una parte constante de la vida humana. Esta es una de las principales razones por las que las personas se vuelcan hacia su interior, para encontrar las raíces del sufrimiento humano y, con suerte, un camino para salir de él. Hay muchas tradiciones en todo el mundo que tienen formas de cultivar la mente humana; de hecho, la mayoría de las culturas tienen métodos para elevar la mente humana de una forma u otra, pero lo que está siempre claro es que cuando alguien encuentra y aplica métodos útiles para deshacer la tensión de la mente, su práctica dará como resultado una mente más amorosa: amor por sí mismo y amor por todos los seres. La mente siente una enorme calma cuando aumenta su capacidad de amar, principalmente porque el amor verdadero es un estado de desapego, incondicional. Aprendes a observar en lugar de desear, ayudas sin necesidad de controlar o recibir reconocimiento, te esfuerzas sin apegarte a los resultados, tienes metas y actúas para alcanzarlas sin que tu felicidad dependa de ellas, amas incondicionalmente.

Hay seres vivos ahora y en el pasado que han elevado verdaderamente la mente a su máximo nivel. El pleno florecimiento de la mente humana da como resultado un amor incondicional sin límites; crea una mente que ya no ve a nadie como enemigo. Es una mente sin tensión, que solo tiene claridad y precisión, y solo puede producir actos que tienen la intención de la compasión.

En cierto modo, se puede decir que el arco de la evolución humana se inclina hacia el amor. El amor es el hogar que deseamos porque hemos sentido su impacto de forma poderosa y vemos su potencial dentro de cada uno de nosotros. Es cierto que convertirse en un ser humano completamente iluminado que ama a todos los seres de forma incondicional es algo muy poco frecuente. Pero todos tenemos esa semilla de libertad dentro de nosotros.

La cúspide del amor incondicional puede parecer lejana, pero puedes saborearla en tu vida cotidiana.

Puedes ver ese impulso de amar y lo poderoso que es observando el microcosmos de las relaciones. Puedes vislumbrar la posibilidad de amar a alguien sin apegos cuando te esfuerzas por amar mejor a tu pareja. Una relación se convierte en una gran oportunidad para practicar el apoyo mutuo a la libertad del otro.

Tu relación de pareja es una oportunidad para practicar el equilibrio entre satisfacer tus necesidades y asegurarte de que también estás atento a las de tu pareja. Una relación sana requiere que ninguno de los dos sea egoísta. Esto se aplica a todas las relaciones amorosas de nuestra vida, amigos, familia, hijos. Damos y recibimos amor en todos estos casos y lo equilibramos con nuestro amor propio y nuestro cuidado.

El amor verdadero requiere que crees un entorno que no sea de control, dominación o egocentrismo, sino uno basado en el equilibrio, la armonía y la confianza y el respeto mutuos. Una relación es el espacio donde practicamos el amor y aprendemos a ampliar nuestro horizonte de lo que abarca el amor. Para que el amor entre los dos perdure, tendrás que aceptar el perdón, que es en esencia dejar ir, ya que se cometerán errores. Las mismas cualidades que desarrollas para mantener una relación sana se superponen en gran medida con las cualidades necesarias para ser un ser humano iluminado.

Dado que las relaciones se centran en el amor y, en su forma más evolucionada, en la elevación del amor al sentimiento de libertad, valdría la pena delimitar de forma clara lo que significa sentirse libre en una relación. La mente puede reaccionar pensando en la libertad como una sensación de anarquía en la que cada miembro de la pareja puede hacer lo que quiera sin preocuparse, pero eso no es libertad real, sino mero egoísmo y deseo sin fin. La libertad que se sustenta en el amor de una relación se centra en la capacidad radical y poco común de ser uno mismo. Esto no solo significa sentirse seguro para mostrarse vulnerable y sentir que se pueden expresar los pensamientos sin filtrar, sino que también significa ser la versión más auténtica de uno mismo. *Mostrar a tu pareja los aspectos de ti que están hondamente atemorizados, heridos, incomprendidos; mostrar a la persona que amas todo el espectro de tu personalidad es en sí mismo un acto de libertad.* Ser capaz de sentirte tan abierto con otra persona solo es posible si el amor entre ustedes es fuerte, activo e incuestionable.

Cinco maneras de fomentar la sensación de libertad en tu relación

1. **Da desinteresadamente.** Sentirse libre en una relación no solo significa que haces todo lo posible por cuidar bien el uno del otro y apoyar la felicidad de tu pareja, sino que también te propones como misión comprenderse mutuamente. Aquí es donde muchas relaciones tienden a fracasar; el cuidado y el apoyo fallan si los das de la manera que tú deseas, en lugar de la manera en que tu pareja los necesita.

   Tú y tu pareja son personas muy diferentes y eso hace que sus preferencias individuales sean únicas. Puedes sentir que les estás dando mucho, pero en realidad no les estás ofreciendo lo que desean, de la forma en que mejor lo pueden recibir. Debido a la falta de comprensión, ambos terminan sintiéndose distantes. La comprensión nunca se puede pasar por alto cuando te comprometes a hacer tu parte para que el amor que comparten sea vibrante. Cuando de verdad entiendes las preferencias de tu pareja y tratas de satisfacer sus deseos, lo que das será mucho más efectivo.

2. **Ama con el menor apego posible.** Las relaciones más saludables no se basan en el apego, sino en la comunicación y los compromisos intencionados. Antes de llegar a diseñar tu relación de forma intencionada de una manera que sea agradable para ambos, tienes que hacer mucho examen de conciencia y ver cuántas de tus acciones están impulsadas por tus apegos. Los apegos pueden agotar una relación, porque son lo contrario de la libertad. Los apegos que existen en tu mente se manifiestan como control en el mundo físico.
3. **Practica la comunicación preventiva.** Comprender cómo se siente y piensa tu pareja te ayudará a saber cómo apoyarla. Estas preferencias pueden cambiar con el tiempo, como todo en el universo, por lo que es útil comprobarlo con frecuencia. La comunicación es muy importante cuando quieres comprender dónde se encuentra tu pareja en su espectro emocional. Comparte los cambios en tus sentimientos antes de que se conviertan en algo más grande. La mente intentará engañarse a sí misma para provocar una pelea. Hablar y hacer saber al otro cuando te sientes deprimido o cuando tu estado de ánimo es pesado puede ser de mucha ayuda para evitar que se produzcan discusiones innecesarias.

La comunicación preventiva te proporciona la información que necesitas para ser compasivo. Si sabes que tu pareja está pasando por un momento difícil, te inspirará a cuidarla de una manera que ayude a aliviar las cosas. Te ayudará a sentir compasión por ella. Aunque el estado de ánimo pesado se produzca en su interior, el amor y el cuidado que le brindas sin duda pueden facilitar las cosas mientras pasa su tormenta interior.

También es importante que se comuniquen cuando se sienten bien. De esta manera, ambos sabrán cuándo ser más juguetones y aventureros. Ser conscientes de los altibajos del otro les brinda la información que necesitan para adaptarse y redefinir cómo apoyar la felicidad del otro.

4. **Construyan su hogar en torno a compromisos.** El amor es lo contrario de la coacción. El amor no busca controlar. El amor no tiene mala voluntad. El amor funciona mejor a través de la compasión y la comprensión. Para amarse bien, desafíense a no exigirse cosas mutuamente. En cambio, asegúrense de dar a conocer bien sus necesidades y deseos y luego denle a su pareja la oportunidad de ver a qué puede comprometerse de manera voluntaria. Así, pueden turnarse y comprometerse abiertamente sobre cómo funcionará su relación.

   Estos compromisos voluntarios son, en esencia, la cultura de su relación. Están diseñando juntos su entorno de tal manera que ambos se sientan empoderados y bien informados. No hay secretos sobre lo que realmente quieren de su relación. Nunca esperen que su pareja les lea la mente. Expresar con claridad cómo cada uno planea comprometerse con la relación reforzará la sensación de seguridad que ambos están creando.

   Están comprometidos el uno con el otro por puro amor, no por control o miedo. La voluntad de comprometerse con su pareja proviene directamente de su propio corazón, lo que hace que los aspectos mágicos de una relación sean mucho más posibles. La energía que se da libremente es mucho más poderosa que la energía que se toma.

5. **Vuelve a conocer a tu pareja una y otra vez.** A lo largo de toda su relación, tú y tu pareja seguirán fluyendo por el río del tiempo, lo que significa que quienes eran cuando se conocieron habrán desaparecido y lo que en realidad tendrán es la persona que tienen delante. Quienes fueron juntos en el pasado es un recuerdo que puede darles una idea de quién es su pareja, pero no puede completar el cuadro. Para ver de verdad a su pareja, tendrán que observarla en el momento presente. Conocer quién es su pareja ahora requiere más que la comunicación cotidiana habitual; hay que profundizar más.

Objetivo:

Haz solo lo que te parezca realmente correcto
y deja ir todo lo demás.

La generación de la sanación está aprendiendo a amar mejor

Vivimos en un momento muy especial de la historia de la humanidad, en el que millones de personas en todo el mundo están sanándose activamente de traumas pasados, viejas heridas y la tensión que oprime la mente. En buena medida, ser infeliz está pasando de moda. Cada vez menos personas escapan de su sufrimiento o pasan la vida reprimiéndolo. Ahora es más habitual que nunca acudir al terapeuta, practicar la meditación, hablar abiertamente sobre los problemas y los logros relacionados con la salud mental, y parece que la sociedad en general está aceptando que la vida es mucho más que productividad. El mundo interior de la mente y el corazón se está volviendo tan importante como la vida exterior del trabajo y la comunidad. De hecho, estamos aprendiendo de forma colectiva que lo interior y lo exterior están profundamente entrelazados, que se empujan y se atraen entre sí, y que la pesadez de uno puede afectar de forma negativa al otro.

Se puede sentir cuando una persona ha superado
retos importantes en la vida y se ha transformado
en una mejor versión de sí misma.

Su energía es sorprendente
y su confianza tiene un brillo especial.

Una generación de sanación ha surgido con el firme propósito de superar las cargas internas y hacer que las herramientas de sanación sean más accesibles para las personas de todo el mundo. El proceso de sanación del corazón y la mente es una experiencia profundamente personal e íntima, un viaje que puede transformar la vida de una persona, pero lo que estamos empezando a ver ahora es que este viaje tan personal está provocando un gran impacto que está llevando a la humanidad a comprender cómo es una relación sana.

Por generaciones, el dolor se transmitió como parte habitual de la cultura, hasta que surgió la generación de la sanación en la que nos encontramos en la actualidad. Los que vivimos hoy en día dijimos de forma colectiva: "Ya basta".

Este momento histórico de autobservación, alimentado por el movimiento del amor propio y la salud mental, no solo nos muestra que las personas necesitan sanarse, sino que también nos muestra que debemos aprender colectivamente a amarnos mejor unos a otros para que las relaciones saludables sean más comunes. No solo estamos actuando ante la necesidad imperiosa de que las personas encuentren y utilicen métodos que puedan aliviar la mente y aclarar nuestras percepciones, sino que también estamos viendo que el trabajo interior tiene un impacto inmediato en nuestras relaciones.

A medida que empezamos a desarrollar la compasión, la paciencia y la amabilidad hacia nosotros mismos, nos dimos cuenta de que no era necesario guardarnos estas cualidades, sino que podíamos compartirlas con quienes estaban a nuestro alrededor.

En especial con aquellos a quienes más amamos. La sanación del individuo nos enseñó que nuestras relaciones también necesitaban ser sanadas, que podíamos encontrar mejores formas de mostrarnos en nuestras relaciones, de cuidarnos mutuamente, de ir más allá de la conexión y llegar al amor activo. De una manera muy directa, la curación del individuo despertó un renovado interés por descubrir cómo tener relaciones saludables y vibrantes.

La conexión entre dos personas tiene sentido porque solo podemos dar lo que hay dentro de nosotros, y a medida que nuestra capacidad interior se expande, somos capaces de dar y recibir más en nuestras relaciones. La generación de la sanación ha iniciado un cambio masivo en la cultura global que seguirá repercutiendo en las próximas décadas y generaciones. No solo la infelicidad está pasando de moda, sino también las relaciones de baja calidad.

De la misma manera que sabíamos instintivamente que era posible tener una relación mejor y más profunda con nosotros mismos, también sabemos que es posible experimentar el amor de una relación de una manera mucho más enriquecedora.

Parece que todavía estamos en el comienzo, pero ahora hay suficientes cambios como para que no haya vuelta atrás. Hemos influido en la historia y cambiado su rumbo. De manera colectiva, hemos dado importancia a la sanación individual; también hemos llamado la atención sobre la necesidad de tener relaciones más saludables y satisfactorias.

Las personas en proceso de sanación están ampliando su capacidad de amar, no solo a sus parejas, sino también a sus hijos, familiares y amigos. Todo el trabajo interior y relacional que se está llevando a cabo está creando una humanidad menos traumatizada, capaz de amar más, de amar desinteresadamente y de amar activamente.

La madurez emocional no crea
una relación perfecta, solo te prepara
para manejar mejor los altibajos
que inevitablemente se producirán
mientras aprendes a amar bien a los demás.

Las largas conversaciones, las lágrimas, las disculpas
y aceptar la vulnerabilidad
son comunes cuando el amor es profundo.

Aprender a amar mejor es un viaje que dura toda la vida. Mi consejo es que no seas demasiado duro contigo mismo por cómo fuiste en el pasado; aprovéchalo como motivación para actuar de forma diferente en el presente y en el futuro. Ninguno es perfecto e, incluso, cuando uno tiene las mejores intenciones, es posible que todavía haya alguien que lo malinterprete, pero uno de los aspectos más afortunados de la vida es que tenemos la oportunidad de volver a intentarlo con las personas que siguen a nuestro lado.

Ya sea el amor en tu propio corazón o el amor que das a tus seres amados, tienes la oportunidad de ampliar cómo se ve ese amor y cuánto abarca. Como mencioné en el primer capítulo, hay tres cualidades que marcarán la mayor diferencia en tu capacidad para amar mejor: la amabilidad, el crecimiento y la compasión. Puedes simplificar todo con solo concentrarte en estas tres cualidades y evaluar si están madurando dentro de ti.

Si te mantienes comprometido con la amabilidad, la que te das a ti mismo y a tu pareja, esto te ayudará a suavizar los pequeños momentos de confusión y malentendidos para que no se conviertan en obstáculos importantes o puntos dolorosos en su historia juntos. Tratarse uno al otro con amabilidad no significa ser falso, sino tomarse un momento para reconocer que la persona que tienes delante es increíblemente importante. Es la persona con la que estás construyendo tu hogar, tu compañera en la vida. Recuerda que es una de las vistas más preciosas que tus ojos han contemplado jamás. Tomarte el tiempo para recordarte a ti mismo que la persona con la que compartes tu vida es un ser humano mágico es la forma de activar la bondad amorosa, y te inspira a tratarla con delicadeza. Dedicar toda tu atención a la persona que amas es un acto de bondad que alimenta su conexión: mantiene fuerte el vínculo entre ustedes y ayuda a que su amor se sienta vivo.

Mantener un compromiso serio de por vida con el crecimiento es de lo más retador. Requiere que mantengas la humildad como una de tus principales prioridades. Sin humildad, el ego crecerá y, con el tiempo, te disuadirá de buscar el crecimiento necesario. Al ego le encanta estancarse, no le gusta el cambio y desde luego no quiere ningún desafío a la sensación de identidad a la que está apegado.

La humildad ayuda a que el ego no se convierta en un aspecto excesivo de tu mente. La humildad es lo que te ayuda a ver más allá de tu propia perspectiva y te ayuda a ver que no siempre tienes razón. Tener la humildad de admitir que hay margen de mejora y actuar en consecuencia con el desarrollo personal es uno de los aspectos más hermosos de carácter que un ser humano puede tener. Se requiere mucha fuerza para permanecer maleable y adaptable. Sobre todo, cuando el miedo y las viejas heridas te empujan a endurecerte y volverte rígido, tú eliges intencionadamente la suavidad, porque solo a través de la fuerza de la suavidad puedes cambiar tu forma. Cuando quieres compartir años y décadas de calidad con la persona que amas, es necesario ver las formas en que puedes crecer y actuar en consecuencia. A medida que el tiempo avanza y la vida cambia, ustedes también cambiarán de maneras que ayudarán a que la luz del amor permanezca encendida.

La compasión es la cualidad que suaviza los momentos difíciles. Habrá innumerables altibajos, incluso en las relaciones más saludables y amorosas. La forma en que ustedes interactúan no será perfecta y habrá momentos en los que no se alineen bien, pero incluso en medio de la discordia podrán encontrar el camino de regreso al equilibrio si eligen la compasión como medio de interacción. Necesitan humildad para ver más allá de su propia perspectiva, pero también necesitan compasión para poder comprender plenamente y relacionarse con lo que está pasando su pareja. La compasión es un acto de altruismo que les ayuda a acercarse más. La compasión es, en realidad, una práctica de soltar; estás renunciando momentáneamente a tu visión de cómo suceden las cosas para ponerte en el lugar de tu pareja y ver las cosas desde su punto de vista. Tener esta perspectiva más amplia te puede ayudar a perdonar con más facilidad y a comprender de dónde provienen las emociones difíciles. La compasión no significa que te conviertas en una persona complaciente o que permitas que tu pareja te pisotee. La compasión tiene que funcionar en ambos sentidos: debes tenerla por ti mismo y por tu pareja.

Cada cualidad requiere equilibrio. Si llevas cualquiera de ellas al extremo, perderás tu armonía interior y la armonía de la relación.

Tienes que saber cuándo aplicar cada cualidad y en qué medida. Demasiada amabilidad puede volverse falsa y hacerte pasar por alto cuestiones importantes que necesitas abordar. Centrarse demasiado en el crecimiento puede hacerte olvidar que eres completo y maravilloso tal y como eres, y no te da tiempo para integrar los pasos adelante. Demasiada compasión hacia ti mismo puede volverte egoísta, y demasiada hacia tu pareja puede hacerte dejar de lado tus necesidades y deseos personales en una relación y llevarte al agotamiento.

Lo más importante que necesitan todas las relaciones es el equilibrio. Los dos tienen que sentir que están dando y recibiendo. Si una persona se encarga de todo el trabajo emocional, de perdonar, de resolver los problemas y de liderar, la relación empezará a desviarse. Ambos deben sentirse iguales en la relación. Aunque cada uno tenga diferentes fortalezas y preferencias, los dos deben sentir que su poder está ayudando a diseñar la cultura del amor en su hogar. Ambos son líderes en su relación, aunque ese liderazgo sea diferente para cada uno.

Si alguna vez tienes dudas sobre cómo amar mejor a tu pareja, solo tienes que preguntar. No te compares con otras parejas que conozcas. La forma en que se configura su amor es única y eso es lo que lo hace tan especial. Tienes que hacer tuya la forma de amar, porque tú y tu pareja son únicos.

Las personas que más admiro
son aquellas que se preocupan sin complejos
por su paz interior.

No quieren hacer daño a nadie.
Se mueven con amabilidad.
Dedican tiempo al cuidado personal y al crecimiento.
Hacen todo lo posible por mostrar compasión
a todos los que se cruzan en su camino.
Estas personas hacen que el mundo sea más ligero.

Sobre el amor y el mundo

Vivir desde el amor es un reto extraordinario. Tratarte bien, estar en sintonía con tu intuición, comprender y analizar tu historia emocional, todo esto es una gran tarea en sí misma. Se necesita esfuerzo para mantener el amor fluyendo dentro de ti, pero vivir desde el amor te exige aún más.

El amor es una fuerza que eleva y que no puede quedarse solo dentro de ti, sino que busca brillar hacia afuera e iluminar el mundo. Si lo que buscas es felicidad y paz interior, entonces el amor es el único camino a seguir.

Lo primero que tienes que hacer es desarrollarlo dentro de ti para que pueda florecer en todas las partes desconocidas y sin sanar de tu ser. Si tu amor propio es verdadero y profundo, seguirá en aumento y hará que tu amor por tu familia y amigos sea mucho más claro y desinteresado. El amor propio genuino acabará sentando las bases del amor incondicional hacia todos los seres. Cuando de verdad empiezas a comprenderte a ti mismo y las emociones que experimentas, comienzas a ver que todos los seres humanos pasan por el mismo espectro de emociones y experiencias. Aunque cada persona tiene su propia experiencia única de vida, todos sentimos el mismo conjunto de emociones, solo que con diferentes frecuencias e intensidades. Comprender esto te hará ver lo similares que somos todos y te ayudará a expandir tu compasión por todos los seres.

El amor no es solo una forma de cuidado, también encierra una sabiduría esencial, enseña la lección liberadora de que, si buscas ser verdaderamente libre, tienes que ampliar tu perspectiva para que tu compasión alcance a más seres. Amar a todos los seres no significa que tengas que ser amigo o estar de acuerdo con todos, en especial cuando otros están causando daño. Simplemente significa que ya no te interesa dañar a otros de manera directa o indirecta. Significa que deseas que los demás sean felices, sean amados, estén en paz, tengan la sanación y los recursos que necesitan para prosperar.

Sin duda, la parte más difícil del amor es cuando tú o alguien cercano a ti sufre un daño. La reacción inmediata es, a menudo, devolver ese daño a otra persona, para que sienta lo mismo que tú has sentido. Pero la venganza rara vez crea seguridad externa y nunca puede crear paz interna, solo amplía el círculo del daño y crea más personas que necesitan ser sanadas. Con la suficiente sabiduría, queda claro que dañar de forma deliberada a otra persona causa estragos en tu mente y llena tu subconsciente de una gran tensión que te acompañará hoy y afectará a tu mañana. El daño que sufre un ser querido también puede deberse a una enfermedad o a un accidente, sin que podamos culpar a nadie directamente. Puede ser muy difícil ver a un ser querido pasar por esta experiencia tan dura y no poder ayudarlo ni salvarlo. Gran parte de la vida escapa a nuestro control y, a veces, lo máximo que podemos hacer es estar ahí para nuestros seres queridos y ofrecerles nuestra presencia y nuestro apoyo.

El amor no ve a nadie como un enemigo, pero eso no significa que te resignes a una existencia pasiva. El amor puede protegerse y preservarse a sí mismo y a aquellos que están siendo dañados cuando es necesario, utilizando la fuerza y el poder, no con la intención de dañar a otros, sino de frenar el daño. El amor puede inspirar tus acciones y hacerlas hábiles, en lugar de reactivas. Por su propia naturaleza, el amor no puede actuar desde el odio. Mientras que el odio busca dominar, controlar e incluso destruir, el amor hará todo lo posible por producir acciones positivas que amplíen la abundancia de alegría y libertad. El amor nos llama a avanzar hacia la ausencia de ego, a dejar atrás el miedo y la jerarquía y a tratarnos unos a otros con auténtica bondad. El amor que hay dentro de ti estará en consonancia directa con la forma en que expresas el amor en el mundo.

El amor es la condición necesaria para que exista la verdadera armonía. El amor es una pequeña revolución que tiene lugar en el corazón humano y que, en última instancia, produce grandes olas de cambio. El amor es una perspectiva sumamente clara que te ayuda a ver la falsedad de todas las divisiones. Permite que el amor se convierta en la lente que usas para verte a ti mismo y al mundo. Permite que el amor inspire tus acciones y tu vida.

No tienes ni idea del impacto
que tiene tu bondad.

Sin siquiera saberlo,
has convertido días malos en días maravillosos,
has reconectado a las personas con su poder
y has ayudado a muchos a darse cuenta
de que todavía hay bondad en el mundo.

Tener a alguien que te ama
tal y como eres es un regalo liberador.

Te sientes como en casa
porque sabes que estás a salvo en su presencia.

Su aceptación te da una profunda
sensación de paz que revitaliza tu ser.

No se trata de buscar a la pareja perfecta;
se trata de buscar a alguien que esté preparado para amar.

Estar preparado no significa tenerlo todo resuelto;
solo significa que eres consciente de tus imperfecciones
y quieres poner energía en tu crecimiento.

Encuentra a alguien que pueda florecer contigo.

Preguntas para reflexionar

- ¿Estás dedicando tiempo y energía a desarrollar tu capacidad de amar incondicionalmente?
- ¿De qué nuevas formas quieres ampliar tu amor desinteresado?
- ¿Cómo prefiere tu pareja recibir amor? ¿Podrías hacer más para amarla como ella quiere ser amada?
- ¿Te sientes libre en tu relación? ¿De qué manera podrías sentirte más libre y cómo puedes trabajar para lograrlo?
- ¿Cómo estás desarrollando tu amabilidad, crecimiento y compasión dentro de tus relaciones? ¿De qué maneras pequeñas puedes incorporar más estos aspectos en tus acciones cotidianas?

Sobre el autor

Yung Pueblo es el seudónimo del escritor Diego Pérez y significa "gente joven". El nombre pretende transmitir que la humanidad está entrando en una era de notable crecimiento y sanación, en la que muchos ampliarán su conciencia de sí mismos y se liberarán de viejas cargas. Es el autor del éxito de ventas número uno del *New York Times Ligereza* y la trilogía *Hacia adentro*. Vive en el oeste de Massachusetts con su esposa Sara.

yungpueblo.com

Esta obra se terminó de imprimir
en el mes de marzo de 2026,
en los talleres de Impresora Tauro, S.A. de C.V.
Ciudad de México.